AF363440

RECUEIL

DE

DIVERS MÉMOIRES,

RELATIFS AU TRAITÉ DE COMMERCE

AVEC L'ANGLETERRE,

Faits avant, pendant et après cette négociation.

Par M. BOYETET,

Conseiller d'Etat, Inspecteur-Général, Directeur du Commerce.

A VERSAILLES,

Chez BAUDOUIN, Imprimeur de L'ASSEMBLÉE NATIONALE, Avenue de Paris, N°. 62.

1789.

TABLE

DES MATIÈRES,

Qui devient abfolument néceſſaire pour rétablir l'ordre qui doit régner dans les Mémoires qui forment ce Recueil, dans leſquels les occupations, dont font furchargés MM. les Imprimeurs, avoient laiſſé introduire le plus grand déſordre.

LETTRE

LETTRE

DE M. BOYETET,

A UN DÉPUTÉ

AUX ÉTATS-GÉNÉRAUX.

———————

Personne ne fent mieux que moi, Monfieur, la néceffité d'éclairer la Nation fur la funefte opération du Traité de Commerce qui l'écrafe, & la détruit fans qu'elle s'en doute, ni même fon Adminiftration.

Je compare exactement la pofition de la Nation à celle d'un homme qu'on auroit faigné des quatre membres, auquel on a miniftreroit des remèdes foporifiques, qui produiroient l'effet de le laiffer épuifer & s'éteindre fans s'en appercevoir. Tel a été exactement l'effet de ce funefte Traité que le Gouvernement a contracté fans daigner confulter la Nation, & tels feroient & devroient être les effets de la conduite que fes auteurs & fes co-opérateurs ont tenu depuis fa conclufion; puifque, non contens d'avoir facrifié & livré la Nation à l'Angleterre, ils ont fait tous leurs efforts pour

A

lui en impofer & l'induire en erreur fur les véritables effets de cette funefte opération, en jetant
la difcuffion qu'ils ont fufcitée fur cette matière
dans un chaos de queftions inutiles, feulement
propres à embrouiller cette intéreffante queftion,
au point de la rendre douteufe, & même problé-
matique, malgré l'évidence des faits.

J'ai gardé le filence pendant toute cette difcuffion ; je pouvois le faire fans inconvénient, parce
que, ayant pris, ou m'étant fait donner la com-
miffion de préfenter à l'Adminiftration toutes les
réclamations des Provinces fur les effets affreux
de ce Traité, j'étois bien affuré de le faire de
façon à lui en faire fentir toutes les conféquences
& la néceffité de venir à leur fecours, comme
effectivement j'y fuis parvenu en l'ayant engagée
à fe prêter à l'établiffement d'un Bureau d'encouragement à Rouen, auquel elle a fait un don de
cent mille écus pour le mettre en état de faire les
frais & les avances néceffaires pour établir, mul-
tiplier & répandre les machines néceffaires pour
mettre l'induftrie françoife de niveau avec celle
angloife. C'eft par le même motif & avec les
mêmes vues, que je l'ai également engagée à con-
fentir à l'établiffement d'un Bureau femblable à
Amiens, auquel elle a fait un don de 180,000 l.

pour le même objet : vraifemblablement l'Adminiftration fe feroit prêtée à fournir fucceffivement
aux autres Provinces, des fecours femblables, à
proportion de leurs befoins ; mais je crains bien
que les changemens qu'il y a eu dans le Miniftère n'aient arrêté cette marche intéreffante, &
les heureux effets dont elle eût été fufceptible
d'ailleurs. J'ai été, à - peu - près dans le même
temps, attaqué d'une fàcheufe maladie, qui a
été fuivie d'une longue & pénible convalefcence,
dont je fuis à peine rétabli ; c'eft ce qui m'a forcé
à perdre abfolument de vue ces affaires, au point
que j'en ignore abfolument la fuite. C'eft dans
ces circonftances & celles de l'Affemblée des
Etats, que j'ai cru devoir rompre le filence, &
ne pouvoir plus le garder fans conniver & co-opé-
rer aux vues & deffeins finiftres des auteurs & co-
opérateurs de ce Traité, & que c'étoit le moment
où il étoit auffi néceffaire qu'intéreffant d'inftruire
& d'éclairer la Nation, pour la mettre en état de
connoître parfaitement tout ce qui a rapport à
cette funefte opération, & de favoir exactement à
quoi s'en tenir.

C'eft en conféquence que j'ai raffemblé dans
ce recueil tout le travail que j'ai fait avant & pendant cette négociation, ainfi qu'après fa conclufion.

Vous verrez, Monsieur, dans ce premier travail, les efforts de toute espèce que j'ai faits & réitérés, autant qu'il a dépendu de moi, pour éclairer le Ministère, l'arrêter, & lui faire sentir la nécessité de consulter les Chambres de Commerce des Provinces, qui étoient le plus en état de lui fournir toutes les lumières dont il avoit besoin ; vous verrez également, Monsieur, que, sans me rebuter de l'inutilité de mes efforts, je me suis livré à des recherches qui ont produit un très-long travail, dont l'objet étoit d'éclairer le Ministère sur les mesures qu'il pourroit prendre pour arrêter ou diminuer, autant qu'il seroit possible, les fâcheux effets de ce funeste Traité, & que ce travail m'a donné occasion d'entrer dans des détails & des discussions très - intéressantes, qui m'ont mené, par la comparaison de la Constitution angloise avec celle françoise, relativement au commerce, à approfondir & faire connoître tous les vices de la nôtre, & tout l'avantage qu'ont sur nous les Anglois en matière de commerce. Ces détails & ces discussions ne pourront être déplacés dans le moment où la Nation étant assemblée, ne peut savoir mauvais gré qu'on lui présente tout ce qui peut contribuer à lui indiquer les vices & les abus qui ont régné dans l'Administra-

tion, & les réformes qu'il feroit auffi utile que néceffaire qu'elle entreprît de faire. C'eft dans les mêmes vues que je compte faire fuivre ce travail d'un
nouveau recueil des Mémoires les plus intéreffans
que j'ai eu occafion de préfenter à l'Adminiftration, dont l'objet étoit de l'éclairer fur les faux
principes & fyftêmes fur lefquels elle étoit montée
depuis long - temps en France, & fur leurs fâcheufes conféquences pour le bien général du
commerce.

Il eft fans doute fâcheux de dévoiler des vices
& des abus dont bien des gens & des corps puif-
fans profitent; c'eft s'expofer à leur reffentiment.
On verra que cette crainte ne m'a jamais retenu;
il eft vrai que j'ai éprouvé & qu'on m'a fait à-
peu-près tout le mal & toutes les injuftices qu'il
étoit poffible de me faire effuyer, comme je fuis
en état de le prouver, & le ferai, fi l'occafion s'en
préfente.

Mais il feroit encore plus fâcheux de cacher à
la Nation, des vérités qu'elle doit favoir, pour
être en état de remédier aux caufes qui ont eu le
plus de part dans le fâcheux état d'épuifement
auquel font réduit les Finances & l'Etat, d'autant plus qu'elle courroit rifque, fi elle laiffoit
fubfifter ces caufes, que les efforts qu'elle compte

prodiguer pour ſuffire aux beſoins du moment, ne fuſſent que précaires & momentanés, attendu que ces cauſes ne tarderoient pas à reproduire les mêmes effets, & à replonger les Finances & la Nation dans l'abîme dont il eſt queſtion aujourd'hui de les tirer.

Vous verrez, Monſieur, que je n'ai pas beſoin d'être preſſé & excité, & que j'aurai été beaucoup plus loin que vous ne vous y attendiez. Tout travail, dans l'état où eſt encore ma ſanté, m'eſt pénible & à charge; j'en ferai amplement dédommagé, ſi la Nation y trouve des lumières qui puiſſent lui être utiles : elle me trouvera toujours diſpoſé à y ajouter avec empreſſement tous les développemens dont elle pourroit les juger ſuſceptibles.

Je ſuis, avec reſpeƈt, &c.

RECUEIL

DE

DIVERS MÉMOIRES,

Relatifs au Traité de Commerce avec l'Angleterre, faits avant, pendant et après cette négociation.

LE sieur Boyetet qui, lors de la négociation du Traité de Commerce avec l'Angleterre, occupoit la place de Commissaire-Général du Commerce, qui a été supprimée et convertie en celle d'Infpecteur-Général Directeur du Commerce, qu'il exerce actuellement, avoit fait, avant et pendant cette négociation, tout ce qui étoit en son pouvoir pour détourner le Ministère de cette fâcheuse et funeste opération, comme il conste par les divers Mémoires qu'il a préfentés à ce fujet, avant et pendant cette négociation.

Après sa conclusion, il jugea que les plaintes et les regrets devenoient infruc-

tueux , et que ce dont il convenoit de s'occuper , étoit de chercher tous les moyens
qu'il pourroit y avoir pour rendre ce Traité
le moins préjudiciable possible , et pour
éclairer le Ministère sur les moyens qui
pouvoient dépendre de lui pour remplir cet
objet. Ce fut en conséquence qu'il proposa
à M. de Villedeuil , pour lors Contrôleur-
Général , de signer la lettre dont on trouvera copie dans ce Recueil. Elle étoit double
pour les sieurs Boyetet et Dupont , tous
deux Commissaires-Généraux du Commerce;
chacun d'eux en prit une , pour lui servir
comme de passe-port auprès des personnes
du Commerce , chez qui il étoit nécessaire
de porter ces recherches.

Le sieur Boyetet s'y livra , et rendit
compte du résultat dans les Mémoires qu'il
présenta et lut à M. Lambert , qui succéda
à M. de Villedeuil, dans la place de Contrôleur-Général.

Le sieur Boyetet présente, dans ce Recueil,
tout le travail qu'il fit avant et pendant la
négociation de ce Traité.

On y trouvera également le dernier travail dont ci-dessus mention.

Ces divers Mémoires prouvent que tout comme le sieur Boyetet fit tous ses efforts, avant et pendant la négociation de ce Traité, pour éclairer le Ministère sur ses dangers et ses inconvéniens, autant que pouvoient le lui permettre sa position et ses moyens, vis-à-vis de Ministres décidés à faire ce Traité ; il n'a négligé également rien pour les éclairer après sur tous les désavantages que devoit y avoir nécessairement le Commerce de France, en raison des avantages de toutes espèces que celui des Anglois avoit sur celui de France. On verra, par le long travail qu'il présenta en conséquence, qu'il suggéra toutes les idées et les vues, et tous les moyens qui pouvoient amener le Commerce de France à lutter, avec une espèce d'égalité, avec celui d'Angleterre ; il se réfère à tous les détails contenus dans ce travail.

On peut juger, d'après la conviction où il avoit été constamment, depuis le commencement, que cette opération seroit funeste au Commerce de France, de quel œil et avec quel regret il dût voir l'apologie que le sieur Dupont, son collégue, publia de cette funeste opération, et les moyens dont il se servit pour appuyer une opinion aussi étrange. La Chambre du Commerce de Rouen s'étant chargée de réfuter cette apologie, et l'ayant fait avec la solidité qu'elle l'a exécuté, le sieur Boyetet a vu avec peine que la tournure et les moyens employés dans cette discussion, étoient plus propres à jeter de la confusion dans les idées et opinions du Public sur cette question, qu'à l'éclairer et lui en donner de vraies, fixes et arrêtées.

Il n'avoit pas la même crainte sur les Chefs de l'Administration, parce qu'il les instruisoit directement, s'étant chargé de leur rendre compte de toutes les plaintes qui leur venoient des Provinces, et de les faire valoir et appuyer ; soins et efforts de sa part, qui ont produit l'heureux effet de les engager à se prêter à l'établissement d'un Bureau d'Encouragement à Rouen, et d'un à Amiens, avec des fonds considérables, pour aider à mettre, s'il étoit possible, le Commerce de ces Provinces en état de résister à l'effet affreux du premier choc de l'Industrie Angloise.

Cet essai et ces efforts de l'Administration auroient été vraisemblablement suivis par elle dans les autres Provinces ; mais les changemens qui y sont survenus , et tous les évènemens qui en ont été la suite , ont arrêté des progrès qui auroient été si utiles. Ils ont excité , seulement , dans bien des têtes de plusieurs personnes attachées à l'Administration , de la jalousie et de l'animosité contre le sieur Boyetet , sur ce que , par ses soins et ses efforts , il s'étoit, pour ainsi dire, formé un Département séparé et indépendant de leur inspection. Ce furent leurs termes dans une occasion. On ne cite ce trait qu'à regret , parce qu'on s'est imposé la loi d'éviter tout ce qui pourroit être taxé de personnalité ; sans quoi , combien n'en pourroit-on pas citer qui prouveroient combien il a été traversé dans les affaires les plus intéressantes , et comment on a eu l'art de rendre inutiles les efforts qu'il faisoit pour éclairer l'Administration sur les moyens de faire prospérer diverses branches d'industrie très-importantes.

Au reste, la marche de la discussion sur ce Traité , relativement au Public , telle qu'on la verra dans ce Recueil , donne lieu à une observation intéressante; et c'est que ces discussions , bien loin d'opérer l'effet qui doit être leur principal objet, qui est d'éclairer le Public et même le Gouvernement, et de fixer leurs opinions sur les matières discutées , ne sont propres , au contraire , qu'à produire la plus grande confusion dans leurs idées , tant par le cahos d'objets différens , qui sont présentés et accumulés dans ces discussions , dont la plupart ne sont point traités à fond ; mais laissés de côté , ou effleurés légèrement ; enfin , que tout est conduit de façon qu'il n'y auroit que ceux qui se donneroient la peine d'examiner à fond les écrits pour et contre , qui pourroient se former des idées fixes et une opinion fondée. Or , comme il y a dans le Public, et même dans le Gouvernement, très-peu de personnes qui prennent cette peine ; que peut-il en résulter , si ce n'est l'incertitude et la confusion sur les matières les plus intéressantes ? Le traité de Commerce en fournit une preuve bien frappante; les Mémoires de la Chambre de Rouen l'ont discutée à fond ; le sieur Dupont y.

a répondu , et en a entrepris et publié l'apologie ; cette même Chambre lui a répondu.

Cette matière sembleroit n'avoir plus besoin de plus de discussion. D'ailleurs, depuis deux ans que dure ce Traité, il y a les faits qui sont à la vue de tout le monde, et qui ne devroient laisser aucun doute : malgré tous ces moyens, on ne craindra point d'avancer que les avantages ou désavantages de cette opération sont encore un problême pour le Gouvernement, et pour la plupart des personnes attachées à l'Administration , ainsi que pour le Public.

Deux autres grandes questions, qui intéressent également la prospérité du Commerce, telles que le Commerce des Indes orientales, soit par Compagnies, soit par le Commerce libre ; et les avantages ou les inconvéniens de l'admission des Etrangers dans les Colonies , sont exactement dans le même cas. Elles ont été livrées à la discussion publique ; qu'en a-t-il résulté ? Dira-t-on que ces discussions aient été portées au point de mettre le Gouvernement et le Public en état de savoir à quoi s'en tenir ? Mais combien de pas il y aura encore à faire avant d'amener ces discussions au point d'évidence et de clarté dans lequel elles devroient être pour se décider avec une parfaite connoissance, et éviter de donner dans l'erreur sur des matières aussi intéressantes! C'est un malheur, sans doute, dont il faut chercher les causes dans les faux points de vue sous lesquels le Gouvernement et le Public ont généralement considéré le Commerce en France : il sera sans remède tant qu'on ne s'attachera point à dissiper ces erreurs, les fausses opinions et les faux principes d'après lesquels on juge du plus ou moins d'influence qu'il a sur le bonheur et la richesse des Nations, et sur la force des Etats. C'est sur quoi il y auroit bien des choses très-intéressantes à présenter, pour éclairer la Nation et le Gouvernement sur l'importance du commerce, sur laquelle on est si éloigné d'avoir des idées justes.

Le sieur Boyetet a souvent présenté à l'Administration, des Mémoires très-étendus sur ces points intéressans; il pourroit même les reproduire, mais ses efforts ont été infructueux.

Pour en donner une idée en gros, on se

contentera de présenter l'exemple de l'Angleterre, qui est en étendue et en nombre d'habitans, à-peu-près le tiers de la France ; elle paye, à 5o millions près, autant d'impôts que la France. Il semble qu'on en devroit conclure que ses habitans devroient être écrasés sous le poids d'une masse d'impôts aussi énorme et aussi peu proportionnée à leur nombre ; et que les François, au contraire, devroient supporter très-facilement une masse à-peu-près égale, distribuée entre trois fois plus de contribuables.

Cependant les Anglois vivent dans l'aisance et l'abondance ; c'est ce qu'on voit généralement dans leurs campagnes et dans leurs ateliers d'industrie, pendant qu'en France les campagnes ne présentent que le tableau de la plus affreuse misère.

Cet Etat, qui est aussi obéré de dettes que la France, fait face à tout, et a acquis une force et une prépondérance bien au-dessus de ce que sembleroient pouvoir comporter ses ressources naturelles.

On ne poussera pas plus loin cette comparaison, qui seroit susceptible des développemens les plus intéressans. Il faudroit approfondir les causes d'une différence aussi étonnante ; on les trouvera en partie éparses et indiquées dans plusieurs des Mémoires de ce Recueil. Quelle matière peut fournir plus d'objets de méditation plus intéressans à la Nation assemblée ? Le résultat en seroit nécessairement la connoissance de ses forces, de ses ressources naturelles, et celle des moyens de les faire valoir, et d'en tirer tout le parti dont elles peuvent être susceptibles. C'est ce qui, aujourd'hui, dépend uniquement d'elle, étant la maîtresse d'applanir les obstacles qui l'ont empêchée d'en faire usage, et de détruire les causes qui l'ont amenée au degré d'épuisement et d'impuissance dans lequel elle est plongée. C'est ce qui, de rechef, dépend d'elle, et mérite bien, à tous égards, toute son attention.

Le sieur Boyetet sera charmé que le Recueil qu'il lui présente, puisse contribuer à l'éclairer.

Indépendamment d'une raison aussi puissante comme celle d'éclairer la Chambre Nationale, qui a décidé le sieur Boyetet à lui présenter ce Recueil, il a eu un motif particulier pour le faire ; il a appris par hasard que plusieurs personnes le croyoient imbu des mêmes principes que le sieur Dupont sur ce traité, jugeant de son opinion par l'identité des places qu'ils remplissoient, et ignorant sans doute, qu'ils n'avoient jamais eu ensemble avant, d'autre liaison et d'autre relation, que celles qu'exigeoit le service de leur place. Il étoit trop sensible à une opinion aussi injuste et aussi injurieuse pour lui, pour ne pas mettre en usage tout ce qui étoit propre à la dissiper : c'est l'heureux effet qu'il attend de la publication de ce Recueil. S'il produit de plus celui d'éclairer la Chambre Nationale, et de la mettre en état de savoir à quoi s'en tenir dans une affaire aussi importante, il ne lui restera rien à desirer, et il se bornera à lui demander son indulgence en faveur des motifs qui l'ont animé.

M. de Calonne, quelque temps avant l'arrivée de M. Eden, témoigna aux sieurs Boyetet et Dupont, qu'attendu qu'il alloit être question d'un Traité de Commerce avec l'Angleterre, il leur recommandoit de s'occuper de cet objet, et de lui communiquer leurs idées sur cette opération, mais d'y travailler chacun séparément, sans se communiquer leurs idées : c'est ce qu'ils firent, chacun de leur côté, et s'ajournèrent à porter leur travail au Ministre, au premier rendez-vous qu'ils auroient chez lui, ce qu'ils exécutèrent. S'étant rendus, au jour convenu, au Contrôle général, et étant, comme il ne leur arrivoit que trop souvent, dans le cas d'attendre fort long-temps que le Ministre pût les recevoir, ils se communiquèrent réciproquement le travail qu'ils apportoient.

Le sieur Dupont, après avoir pris lecture de celui du sieur Boyetet, se retourna de son côté, et lui dit : Mon cher Confrère, ne pourrions-nous pas nous rapprocher? celui-ci lui répondit : Cela ne me paroît pas possible, parce que j'ai établi mes raisonnemens sur des bases que je crois certaines;

et que tant qu'on ne me prouvera pas qu'elles sont fausses, et que je suis dans l'erreur, je ne puis pas changer d'avis. Le moment étant venu d'entrer dans le cabinet du Ministre, le sieur Boyetet prit la parole, et lui dit : Monsieur, vous nous avez chargés de travailler fur le Traité de Commerce projeté avec l'Angleterre, et de le faire, chacun de notre côté, sans nous communiquer nos idées; nous vous apportons notre travail : vous verrez que nous nous sommes exactement conformés à vos ordres, car nous avons exactement pris le contre-pied l'un de l'autre; la raison en est, que M. Dupont a considéré la France telle qu'elle pourroit et devroit être, et que moi, je l'ai prise telle qu'elle est. Au reste, dans une matière de cette importance, je ne crois pas que l'Administration ose prendre sur elle d'aller en avant, et de rien décider sans consulter la Nation, c'est-à-dire, les Places et Chambres de Commerce, et les Provinces qui, par le genre de leur industrie et de leur commerce, peuvent y avoir plus d'intérêt, et être plus en état de fournir de bonnes lumières sur une opération aussi intéressante.

Le Ministre prit les Mémoires, et promit de les examiner. On ignore s'il l'a fait ; mais ce que le sieur Boyetet peut avancer, c'est que jamais il ne lui en a parlé, quoiqu'il y eût dans son Mémoire diverses assertions sur lesquelles il s'attendoit que le Ministre lui demanderoit les explications et les développemens dont elles paroissoient susceptibles, comme on le verra par les notes mises en marge de son Mémoire.

Si ce Miniftre l'a lu, il en a jugé autrement, fans doute, ou n'y a rien trouvé qui méritât d'exciter fa curiosité, & la peine d'entrer en explication.

Tel a été le premier travail du sieur Boyetet fur cette opération, et le début de l'admission des Commiffaires généraux du Commerce, à préparer les voies à cette grande négociation ; au moins telle paroiffoit pour lors l'intention de M. de Calonne.

Le sieur Boyetet donna fon travail au sieur Dupont, sur la demande qu'il lui en fit, à condition de lui donner réciproquement le sien.

Quelques jours après, le sieur Boyetet reçut du sieur Dupont, la lettre dont ci-après copie,

copie , avec un Mémoire qui n'étoit point du tout le premier travail qu'il avoit fait & préfenté, & paroiffoit au contraire une fuite de ce premier travail, deftiné à appuyer les principes qui y étoient établis, & à combattre les opinions contraires avancées dans celui du fieur Boyetet, ainfi que ce que celui-ci avoit dit au Miniftre , en lui annonçant, comme il a été dit ci-deffus , les Mémoires des deux Commiffaires , & la caufe de leur totale oppofition.

De rechef, ce n'étoit pas là le Mémoire que le fieur Boyetet attendoit. Ce procédé l'étonna, lui parut fufpect, & commença à le mettre en garde fur les difpositions que le fieur Dupont fembloit apporter dans cette affaire, qui ne lui parurent point du tout conformes au ton de bonhommie, & à l'envie de fe rapprocher , que cette lettre fembloit annoncer ; c'eft ce qui empêcha le fieur Boyetet d'y répondre , d'autant plus qu'il ne voyoit pas , d'après les principes que le fieur Dupont avoit établis dans fon premier Mémoire , & ceux qu'il établiffoit dans ce fecond, qu'il y eût possibilité de fe rapprocher , parce que le fieur Boyetet étoit perfuadé qu'il n'y avoit qu'un moyen de parvenir à découvrir la vérité, qui étoit celui de confulter les Chambres de commerce de plufieurs places & Provinces , comme il l'avoit propofé, & que le moyen ou le prétexte que le fieur Dupont prenoit pour éloigner cette proposition , lui paroiffoit fi peu fondé , qu'il ne pouvoit croire qu'il fût préfenté de bonne-foi, puifque si elle eût été adoptée , il étoit plus que vraifemblable que c'étoit par leur canal qu'auroient été faites ces confultations , & qu'à moins de fuppofer des vues particulières & des deffeins cachés, dans l'Adminiftration, il n'étoit pas vraifemblable qu'on voulût leur ôter la connoiffance de cette difcuffion.

Ce prétexte & la tournure qu'on lui donnoit , ne purent donc paroître que très-fufpects au sieur Boyetet. La conduite qu'on tint dans toute la fuite de cette négociation, comme on le verra , & le foin avec lequel le sieur Boyetet ne tarda pas à s'appercevoir qu'on le fuyoit, & qu'on évitoit, autant qu'on pouvoit, de l'appeler aux conférences relatives à cette négociation , en ne lui communiquant même que ce qu'on ne pouvoit pas fe difpenfer de faire , pour ne pas trop fe compromettre ; toutes ces raifons durent néceffairement fortifier et augmenter fes foupçons , et lui annoncer qu'il exiftoit un mystère dans lequel on évitoit de l'initier : par exemple, il fut qu'il s'étoit tenu à Verſailles un Comité où le sieur Dupont avoit été appelé, et le sieur Boyctet point ; que le Comité avoit été composé de quelques Magistrats qu'on avoit rassemblés au haſard, et qu'on leur avoit annoncé qu'on ne leur demandoit point leur avis ſur le fond, c'est-à-dire, ſi le traité convenoit ou non, mais seulement ſur les droits qu'il convenoit d'établir réciproquement entre les deux Puissances.

Tels furent les rapports qui furent faits par les perſonnes qui assistèrent à ce Comité. Ce fut par le sieur Dupont que le sieur Boyetet ſut qu'il existoit une lettre de M. Holker, lettre dont il ne put obtenir la communication malgré toutes les démarches qu'il fit en préſence du sieur Dupont, tant auprès de M. de Calonne, que de M. de Reynneval, pour y parvenir. Il paroît qu'on l'avoit cachée avec le même ſoin, à toutes les perſonnes qui avoient eu quelques connoissances de cette négociation, ou au moins quand le sieur Boyetet en fit mention dans le Comité où fut lue la réponſe de M. Eden, quelques-uns des Magistrats qui y assistoient, en demandèrent-ils communication avec empressement, & le sieur Boyetet la leur donna.

Si le sieur Dupont craignoit que les confultations aux Chambres du commerce eus-
sent le même sort, il est certain qu'elles eus-
sent été fort inutiles. Mais comme le sieur
Boyetet, en faisant la proposition de consulter les Chambres de commerce, n'avoit aucun
antécédent pour soupçonner qu'on n'en voulût pas faire plus d'ufage que celui qu'on
avoit fait de la lettre de M. Holker, il n'étoit
pas possible qu'il regardât les raifons que
présentoit le sieur Dupont, pour en éloigner,
autrement que comme un très-pauvre et très-
mauvais prétexte, et que cela ne l'éloignât
de se prêter au rapprochement auquel sem-
bloit l'inviter le sieur Dupont, bien persuadé
que ses soins et ses efforts ne produiroient aucun effet, comme malheureusement les évènemens subséquens ne l'ont que trop prouvé.

On se réfère, au reste, aux réflexions sur
cette Lettre et sur le nouveau Mémoire, et
au reste du travail présenté dans le recueil.
Il est fâcheux, fans doute, pour le Public,
d'être privé de la communication du premier
travail du sieur Dupont, ainsi que de celui
qu'il fit et lut au Comité, en réponse à celle
de M. Eden. Il semble qu'il en auroit pu
faire usage, avec succès, dans l'apologie qu'il
a publiée de cette malheureuse opération.

Le

Le sieur Boyetet , ayant été à Versailles pour voir quel effet avoit fait, sur M. de Calonne , son mémoire en réponse à M. Eden , vit ce Ministre , et lui demanda s'il l'avoit vu. Ce Ministre lui dit qu'il prenoit les choses trop au pied de la lettre ; que s'il entendoit M. Eden , il verroit combien le Ministère anglois étoit dans des dispositions favorables pour la France , et combien il lui procureroit d'avantages par la suite. Le sieur Boyetet lui répondit qu'en matière de traité, il ne connoissoit que ce qui constoit par écrit ; qu'au reste , il le prioit de lui donner heure où il pût lui lire sa réponse à M. Eden , pour être en état de répondre aux objections qu'il voudroit lui faire. M. de Calonne ayant témoigné que ses occupations ne le lui permettroient pas dans la journée , ni dans la suivante , le sieur Boyetet lui répliqua qu'au moins il sentiroit la nécessité d'établir cette discussion dans un Comité, et le pria de fixer le jour où il pourroit avoir lieu , en ajoutant qu'il se chargeroit d'avertir les Membres qui devoient le composer. Ce Ministre lui témoigna que c'étoit son intention, et qu'il l'avertiroit.

Le sieur Boyetet retourna à Paris , bien

persuadé que le parti du ministère étoit pris, et décidé de souscrire au traité; c'est ce qui l'engagea à faire un nouveau travail, pour tâcher au moins d'arrêter le ministère, et de le faire rentrer en lui-même. Il rassembla effectivement, dans son nouveau travail, qui est celui qui a pour titre : *Supplément aux Observations*, tout ce qu'il jugea de plus propre a produire cet effet, et il le remit à M. le Noir, en lui écrivant la lettre dont on voit la copie. C'étoit pour s'assurer qu'il parviendroit certainement à M. de Calonne, à qui le sieur Boyetet ne peut douter que M. le Noir l'aura remis.

Ce nouvel effort du sieur Boyetet ne fut pas plus heureux que tous ceux qu'il avoit faits précédemment. Le Comité promis n'eut point lieu, et le traité fut signé immédiatement.

On verra au moins que le sieur Boyetet avoit mis en usage tous les moyens qui étoient en son pouvoir, et qu'il les avoit même excédés, pour empêcher cette funeste opération qui a sacrifié la France à l'Angleterre. C'est sur quoi les Ministres et les coopérateurs existans seront, sans doute, en état de justifier leur conduite.

LETTRE

LETTRE A M. LE NOIR.

MONSIEUR,

J'ai l'honneur de vous remettre ci-joint, le nouveau développement que j'ai donné à mes observations sur les propositions de M. Eden, d'après la dernière conversation que j'ai eue avec M. le Contrôleur-Général. Vous en ferez, Monsieur, l'usage que vous jugerez convenable, soit pour le lui communiquer, soit pour l'engager à me donner une heure où je puisse lui lire ces observations, les discuter avec lui, et satisfaire à toutes ses objections, et cela sans préjudice de leur examen dans le Comité qu'il se propose d'assembler. La matière est trop intéressante pour ne ne pas exiger les examens les plus sérieux et les plus profonds ; il est question de la destruction ou de la conservation des principales et plus considérables branches de l'industrie de la France ; il est question d'équivalens qui peuvent être ou considérables ou très-médiocres. Peut-il se présenter une matière plus intéressante, plus sérieuse, et qui demande à être approfondie avec plus d'attention ? M. Eden dira tout ce qu'il voudra, mais c'est sur ses propositions par écrit qu'il faut le juger, et non sur les discours : c'est ce que j'ai fait.

Remarquez, Monsieur, les réflexions que je présente sur l'époque où les Anglois ont cessé de témoigner autant d'indifférence qu'ils l'avoient fait jusqu'alors, pour un traité de commerce qu'ils sollicitent aujourd'hui avec tant de chaleur, et sur les causes d'un changement aussi subit et aussi étonnant de la part d'une Nation aussi éclairée sur ses intérêts. Ce sont les grandes vues que M. le Contrôleur-Général a développées en faveur du commerce, et toutes les dispositions qu'il prenoit en conséquence ; c'est la connoissance de toute l'énergie dont est susceptible la Nation Françoise et la sûreté de ses succès dans tous les genres d'industrie sous un pareil ministère. Telles sont les causes de leur changement ; ce sont les conséquences de ses vues et de ses dispositions qu'ils s'efforcent d'arrêter dans

leur principe, et c'est à quoi ils parvien-
dront sûrement par le traité qu'ils pro-
posent. Enfin, Monsieur, il est question
de l'intérêt général de la Nation et de l'honneur et de la gloire du ministère.

Tels sont les motifs qui m'engagent à
présenter tout ce qu'une longue expérience
me suggère sur cette importante affaire. Mon
devoir m'en impose la loi, ainsi que ma
reconnoissance, et tous les sentimens de
respect et d'attachement que je dois à M. le
Contrôleur-Général.

30 Août.

SUPPLÉMENT

M. Eden offre de réduire les droits sur les vins, sur le pied de 40 livres par tonneau, ce qui les fait ressortir à 18 sols par bouteille.

Il est question de savoir si ce droit sera le seul que paieront les vins, soit directement, soit indirectement, jusqu'à être parvenus au consommateur.

C'est ce dont il est essentiel de s'assurer, sans quoi, s'il devoit y avoir d'autres droits intérieurs, soit à la consommation, soit sur les marchands débitans, cette réduction deviendroit illusoire, et tous les calculs qu'on pourrroit faire en conséquence, tomberoient à faux.

L'objet de la France est d'assurer à ses vins la plus grande consommation possible en Angleterre. Le taux de 43 sols sur lequel étoient ces droits, a été jusqu'à présent un obstacle à cette consommation, et en avoit réduit l'usage aux gens très-riches. La réduction à 18 sols, doit les mettre à portée d'un bien plus grand nombre de consommateurs. Cependant même à ce prix, le vin de Bor-

(29)

deaux, qui est le seul dont les Anglois fassent cas, ne pourra se vendre à moins d'un écu la bouteille.

C'est d'après ce prix qu'il faut partir pour juger de l'étendue de la consommation que pourra avoir en Angleterre le vin de France.

C'est sur quoi on présentera quelques observations.

Le vin, à un écu la bouteille, restera encore dans la classe des consommations de luxe, et uniquement à portée des gens aisés, dont ceux très-riches pourront faire beaucoup d'usage, c'est le plus petit nombre ; les autres ne le consommeront que par régal & par extraordinaire.

On a avancé, dans un autre Mémoire, d'après l'avis de gens qui ont une connoissance particulière du caractère & des goûts des Anglois, pour y avoir vécu long-temps, & les avoir étudiés avec soin, qu'en général ils préfèrent le vin d'Oporto. Ils sont accoutumés à sa force & à son âpreté, & ce ne sera qu'à la longue qu'ils reviendront à donner la préférence au vin de France ; que ce ne sera, pour ainsi dire, que la génération future qui y viendra : ils calculent qu'il faut

vingt-cinq ans au moins pour opérer cette révolution.

Si le traité ne doit durer que dix ans, on
peut compter que cette révolution fera peu
fenfible & bien peu avancée pendant fa durée,
ne devant & ne pouvant s'opérer que par gradation.

D'ailleurs, quelle eft la boiffon générale
de la Nation ? c'eft la bière. L'ufage & l'habitude en fon communs dans tous les Etats.

Elle fait également un grand & continuel
ufage de punch, & d'une quantité d'autres
boiffons fortes, compofées de mille manières.

Telle eft fon habitude & fa façon d'être actuelle & de tous les temps.

Peut-on s'attendre qu'elle renoncera fubi-
tement à fes ufages, & ne peut-on pas compter au contraire qu'elle continuera encore
long-temps à ne faire ufage du vin que par
extrordinaire & par régal.

Le prix, d'un écu la bouteille, eft encore
affez fort pour laiffer du bénéfice au frelatage
& à la contrefaction du vin. Tous les efforts
du Gouvernement pourront parvenir à affurer
le paiement des droits ; mais cet objet rem-
pli, il eft fort égal au Gouvernement que le

vin foit bon ou mauvais, vrai ou factice, pourvu qu'il perçoive fes 18 fols par bouteille.

On connoît l'habileté des Anglois à contrefaire les vins de toutes efpèces, fans y employer la plus petite partie de vin ; la Nation y eft accoutumée, & les boit avec plaifir. Il eft très-poffible & très-vraifemblable même, que les contrefacteurs trouveront du bénéfice à continuer à en faire, même en payant les droits.

Telles font les réflexions qu'on a cru devoir préfenter pour mettre à portée de juger de l'effet que fera, dans la confommation de vins de France, la réduction propofée. Dans une queftion de cette nature, qui ne peut être décidée que fur des conjectures, il eft effentiel de chercher les bafes les plus sûres, ou les plus vraifemblables pour les appuyer. Or, on n'en peut prendre de meilleures que l'habitude & les ufages de la Nation qu'il eft queftion de pourvoir, fans quoi, en fe livrant à un efpoir que l'expérience pourroit démentir par la fuite, on courroit rifque de reconnoître trop tard qu'on s'eft trompé & qu'on a fait des facrifices en pure perte.

On a obfervé fur les eaux-de-vie, que les droits fur celles de France, étant réduits au même taux que celles des autres pays, qui eft moindre de moitié, celles de France feroient de niveau avec elles ; qu'on remarquoit que celles d'Efpagne, malgré le moindre taux, n'étoient point portées directement en Angleterre, mais aux Isles de Jerfey, Garnefey & Aurigny, Isles angloifes libres, d'où elles font introduites en Angleterre en contrebande, comme celles qui paffent à Rofcoff, Calais, Dunkerque, & autres ports de France, d'où fe fait la même contrebande en Angleterre. On a conclu de ce fait, qui eft pofitif, que ces eaux-de-vie ne pouvoient, en payant les droits, foutenir la concurrence du Rhum, & qu'il étoit vraifemblable qu'il en feroit de même de celles de France ; qu'elles continueroient à y être introduites en contrebande, & que, par conféquent, la diminution des droits ne procureroit point d'augmentation dans leur confommation, ce qui la laifferoit dans le même état où elle étoit avant la réduction propofée.

Ce raifonnement paroît vraifemblable à moins qu'on ne fuppofe que la qualité fupérieure

fupérieure des eaux-de-vie de France ne lui donne un tel avantage fur les autres eaux-de-vie & fur le rhum, qu'elle le confervera même en payant les droits. Cela peut être : mais c'est ce qu'il convient de bien vérifier avant de fe décider, car il est aufsi très-possible que cela ne foit pas, & en ce cas on fe trouveroit trompé dans les efpérances auxquelles on fe feroit livré. Ce font des faits qu'on ne peut vérifier qu'en Angleterre même ; on y fait le prix du Rhum, & celui des eaux-de-vie des divers Pays. On y fait la différence qu'on y fait entre elles dans la confommation, tant en raifon des divers motifs de préférence, tant pour les unes que pour les autres, qui décident les confommateurs. Le Gouvernement a des Agens à Londres, qui méritent fa confiance, à qui il peut recommander ces recherches, & de les faire avec tout le foin qu'elles exigent.

De rechef, tant fur cet objet que fur les vins, il feroit par trop dangereux de fe livrer à des efpérances qui ne fuffent pas fondées. Tout ce qu'on a préfenté fuffit au moins pour faire naître des doutes ; & quand il eft queftion

de fe lier par un traité, on fent qu'il eft indifpenfable de prendre, avant tout, les renfeignemens néceffaires pour les réfoudre & favoir pofitivement à quoi s'en tenir. C'eft en
conféquence qu'on a formé un projet de recherches qu'il eft néceffaire de faire faire en
Angleterre.

On a avancé que la réduction offerte des
droits fur les toiles de France, au même
taux que paient celles des autres Nations,
qui eft de vingt-cinq & trente pour cent, ne
procurera point à celles de France une importation en Angleterre, telle que M. Eden
le prétend.

Il fe fonde fur ce qu'avant leur prohibition
ou l'établiffement de leurs droits fur le pied
de foixante - quinze pour cent, la France
fourniffoit beaucoup de toiles à l'Angleterre.

C'eft fur quoi on a obfervé que les chofes
avoient bien changé depuis cette époque,
qui date du commencement du fiècle ; que
pour lors les toiles de France avoient effectivement l'avantage & la préférence par-tout,
parce que pour lors les Fabriques de Suiffe,
de Siléfie, & autres parties de l'Allemagne

& celles d'Irlande, ou n'exiſtoient pas, ou n'étoient point portées au point d'abondance & de perfection où elles ſont aujourd'hui ; qu'actuellement elles ont acquis par - tout une telle préférence ſur celles de France, que celles-ci ne peuvent plus ſoutenir leur concurrence nulle part, ce qui eſt atteſté généralement & unanimement par les Mémoires de tous les Conſuls d'Italie & d'Eſpagne ; & c'eſt en conſéquence qu'on a conclu que l'eſpoir qu'on fonderoit ſur l'exemple du paſſé, ſeroit totalement chimérique & illuſoire.

Quant à celles de Saint-Quentin & de Valenciennes, l'état, fourni par le commerce de ces Places, annonce qu'il en entre actuellement en Angleterre, malgré la prohibition, pour la valeur de deux millions & demi de liv., & que leur admiſſion procurera une augmentation du double.

C'eſt à quoi ſe réduiſent les obſervations ſur les principaux objets de France, que l'Angleterre offre de recevoir.

On ne s'arrêtera point ſur les vinaigres, ſavons & glaces, qui ne peuvent jamais faire que des objets de commerce très-peu importans.

On paffera à l'examen des objets dont l'Angleterre demande l'admifsion en France. Ces objets font les quincailleries , & ouvrages de fer & acier de toutes efpèces ; toutes les étoffes de laine & de coton, les gazes , les fayences & les poteries.

On a préfenté, fur chacun de ces articles , les obfervations dont on les a cru fufceptibles.

Sur les quincailleries, on a avancé que les établiffemens formés dans diverfes parties du Royaume, & les efforts & effais qu'on a faits dans divers endroits, prouvoient que ce genre d'induftrie pouvoit réufsir en France, & être porté au même point de perfection qu'en Angleterre, & que fi le Gouvernement continuoit à s'en occuper féricufement, il parviendroit, en peu d'années, à mettre la France en état de fe fuffire à elle-même, & à ceffer de payer à l'Angleterre le tribut énorme qu'elle lui paie ; mais que l'admifsion des quincailleries angloifes détruiroit abfolument tous fes efforts, & les heureux effets qu'on en attend. On obfervera que c'eft précifément dans le moment où l'Angleterre a vu que le Gouvernement s'occupoit férieufement d'un projet qui lui

etoit si contraire, & qu'elle a vu l'activité
avec laquelle la Nation ſe portoit à ſeconder
ces vues ; que c'eſt à cet époque, dis - je,
qu'elle a ceſſé de montrer l'indifférence
qu'elle avoit témoignée jusqu'alors pour le
traité de commerce que ſollicitoit la France,
& qu'elle en pourſuit l'exécution avec la
chaleur qu'elle y met aujourd'hui. Ce fait
eſt inconteſtable, & la raiſon d'un changement si ſubit de conduite, eſt trop claire
& trop frappante pour s'y méprendre.

L'Angleterre s'eſt convaincue que la France
réuſsiroit certainement dans ſon projet, &
c'eſt ce qui l'a décidée à faire tous ſes efforts, & à mettre en uſage tous les moyens
poſsibles pour en arrêter l'exécution. L'admiſsion de ſes quincailleries aſſureroit la réuſsite la plus complète de ces vues. On ſait
que cette Puiſſance n'épargne ni argent, ni
ſacrifices, quand il eſt queſtion de procurer
à ſon commerce quelque avantage, & qu'elle
eſt capable de faire donner ſes marchandiſes
à perte, juſqu'à ce qu'elle ſoit parvenue à
écraſer & détruire les manufactures de France,
qui pourroient faire le moindre ombrage aux
siennes. Telle a été ſa conduite dans toutes

les occasions, & dans tous les pays où fon intérêt l'a exigé; & elle emploiera certainement les mêmes moyens en France, dont elle connoît trop l'activité, le génie, & toutes les reffources de la Nation, pour ne pas en redouter les effets.

Telle eft de rechef, on ne craint point d'y insifter, la caufe de fa conduite, de fes efforts & de la chaleur avec laquelle elle pourfuit aujourd'hui la conclusion d'un traité auquel elle montroit auparavant si peu de dispositions; & c'eft ce qui doit infpirer la plus grande méfiance, & mettre en garde contre toutes les apparences de sincérité, de bonne foi & de bonhommie, que M. Eden met dans fa négociation.

Il paroît qu'un des argumens qu'il emploie, eft la poffeffion où eft l'Angleterre, d'introduire en contrebande fes marchandifes, fans qu'on foit parvenu jufqu'à préfent à l'empêcher. Il en conclut qu'il eft bien plus convenable de les admettre fous des droits modérés.

Il feroit bien fâcheux qu'un pareil argument fît la moindre imprefsion fur l'Adminiftration, qui, s'il étoit fondé, devroit abandonner tout projet tendant à favoriſer l'induſtrie du Royaume, & renoncer particulièrement à cette grande & belle opération, si utile & si néceſſaire même, de la ſuppreſsion de tous les droits ſur la circulation intérieure, qui, si on ne pouvoit pas compter ſur la garde des frontières, deviendroit aussi préjudiciable qu'elle doit être avantageuſe. Ce n'eſt pas le moment d'entrer dans cette diſcuſion ; on ſe contentera d'avancer avec confiance que l'Adminiſtration parviendra à empêcher la contrebande, quand elle voudra employer les vrais moyens. C'eſt ſur quoi on ſe réfère à ceux indiqués déja, & à ceux qu'on eſt en état de préſenter en temps & lieux.

Sur les étofes de laine, on a obſervé que l'Angleterre étoit en état de fournir ſes draps ordinaires, & la multitude de petites étofes qui ſervent à l'habillement du Peuple, à 30 p. 100 meilleur marché que celles de France, & qu'elles coûtent la moitié moins. Il eſt queſtion de ſavoir si ces faits ſont vrais, parce que s'ils le ſont, il n'eſt pas douteux que l'Angleterre écraſera les fabriques de ces eſpèces, de la Normandie,

Picardie, Champagne, & autres provinces de France qui y font en très-grand nombre, & qui occupent & font vivre une quantité prodigieufe de monde.

Pour ce qui eft des étoffes de coton, on s'eft référé à la lettre de M. Holker, qui avance que l'Angleterre eft en état de fournir fes étoffes à 30 pour 100, meilleur marché que les françoifes ; que la France eft encore très-arriérée dans ce genre d'induftrie, mais qu'elle eft en chemin, & que le Gouvernement peut, en cinq ou fix ans, la porter au niveau de celle angloife : mais que fi l'entrée de celles-ci étoit permife, elles détruiroient les établiffemens exiftans, & tout le fuccès des moyens qu'il propofe. Il ajoute que la feule généralité de Rouen emploie actuellement, dans ce genre d'induftrie, de 160 à 200 mille perfonnes des deux fexes. Il y a d'autres provinces où on s'en occupe auffi. Si on y ajoute la multitude de monde que font vivre les petites étoffes de laine dans tout le Royaume, on verra, dans ces deux genres d'induftrie, plufieurs millions d'ames occupées.

M. Holker ajoute que l'admiffion de la fayence & poterie angloifes, ôteroit également les moyens de vivre à une multitude de pauvre peuple, par leur fupériorité & leur bon marché.

M. Holker étoit certainement l'homme de France, qui connoiffoit mieux l'état de ces genres d'induftrie en France & en Angleterre ; c'étoit lui qui en avoit apporté celle de coton, & à qui la France eft redevable des établiffemens qui y exiftent dans ce genre. On fent de quel poids doit être fon avis dans cette matière.

On ne peut, fur les gazes, que réitérer ce qu'on a dit, que l'admiffion de celles angloifes arrêteroit & détruiroit les efforts des gaziers françois dont les fuccès font connus & fucceptibles des plus grands progrès.

Tous ces détails menent à conclure que l'admiffion des quincailleries, des étoffes de laine & de coton, des gazes, des fayences & de la poterie angloifes, détruira tous les établiffemens que la France a dans ces genres d'induftrie, & arrêtera tous les progrès dont ils font fucceptibles. Cette conféquence paroît inévitable.

Les avantages au contraire que préfente l'Angleterre dans l'admiffion des vins & des eaux-de-vie font fucceptibles des doutes les plus vraifemblables fur leur importance. Il n'eft pas poffible qu'ils foient capables de balancer les torts certains expofés ci-deffus. Il eft même plus probable qu'ils feront réduits à très-peu de chofe.

Ceux fur les toiles peuvent & doivent être réduits à rien.

Il n'y a de vraiment effectif que celui des deux millions & demie de liv. que Saint-Quentin & Valenciennes fourniront de plus qu'elles fourniffent à préfent.

On a expofé toutes les raifons fur lefquelles on fonde cette affertion ; c'eft au Gouvernement à juger de leur plus ou moins de folidité : de quelque façon qu'il les envifage, on eft perfuadé qu'il fentira la néceffité indifpenfable de vérifier les faits fur lefquels elles font établies.

On a avancé que le fyftême de l'Angleterre, relativement au commerce étranger, étoit abfolument prohibitif ; fa conftitution, fur cet objet, eft fi décidée & fi connue, qu'on verroit, avec la plus grande furprife, M. Eden entreprendre de tenter d'élever les moindres doutes fur une vérité auffi inconteftable. S'il étoit poffible d'en douter, fes propofitions en fourniroient une nouvelle preuve. Pendant qu'il prétend l'admiffion la plus générale, & fous des droits modérés, de toutes les manufactures de l'Angleterre, il refufe celles des foieries de France, parce qu'il fent bien qu'elles feroient tort à celles d'Angleterre ; & s'il offre de recevoir les toiles de France, offre dont on a prouvé que la France ne tireroit aucun parti, ce n'eft que fur le pied de 25 & 30 pour 100.

La France a demandé l'entrée de fes modes ; M. Eden renvoie cet article dans la claffe des objets généraux, renvoyés à être traités comme la Nation la plus favorifée. Tournure plus que fufpecte, ne pouvant ignorer que les modes font un genre de commerce qui eft particulier à la France, & qu'il a avancé lui-même qu'il n'y a aucune Nation favorifée, excepté le Portugal, fur les vins.

La France a offert la fuppreffion des prohibitions & de tous les droits prohibitifs : l'Angleterre fe refufe à une propofition auffi raifonnable, la feule qui pourroit rapprocher les deux Nations, & elle fe borne à offrir d'abolir toutes les prohibitions , & tous les droits qui mettoient la Navigation & le commerce de France fur un pied plus défavantageux que ceux des autres Etats. Tous les détails dans lefquels on eft entré fur la nature des avantages qui en réfulteroient à la France , font plus que fuffifans pour qu'elle en connoiffe la valeur & l'étendue.

Il paroît que M. Eden s'efforce de faire valoir les difpofitions favorables du Miniftère anglois , mais qu'il eft retenu par la crainte des clameurs des manufactures angloifes, qui font capables de fe porter aux plus grandes extrémités, s'il fe prêtoit à quelque condition qui pût leur faire tort. On fait bien que les Miniftres , en Angleterre , n'ont ni le droit ni le pouvoir de difpofer du fort de branches importantes de commerce, fans le confentement de la Nation & des intéreffés ; qu'ils n'y foufcriroient pas, s'ils fe trouvoient léfés , & qu'ils les rendroient refponfables de ce qu'ils auroient pu faire contre les intérêts de quelques corps.

Telle eft la conftitution de l'Angleterre ; elle eft bien connue, elle doit gêner infiniment les Miniftres , & les rendre très-circonfpects. Mais cette confidération , bien loin de devoir engager le miniftère de France (qui n'a pas befoin de ces craintes pour prendre à cœur les intérêts de la Nation , & éviter de les facrifier) à fe prêter à foufcrire à tout ce qui peut concourir à fatisfaire les divers corps de marchands anglois , fuffit pour devoir l'en éloigner au contraire , parce qu'il doit être bien affuré & bien convaincu qu'aucun de ces corps ne confentira jamais à aucune condition qui ne lui foit favorable , & de laquelle il puiffe recevoir le moindre tort , & qu'il doit l'être également , que les inftructions de M. Eden font établies fur ces deux principes. L'examen & la difcufsion de fes propofitions , démontrent bien qu'il ne s'en eft point écarté ; confidération qui pourroit fuffire pour réfoudre les doutes qui pourroient refter fur la nullité de tous les avantages propofés à la France , & fur la certitude des préjudices de toutes efpèces qui lui refulteroient de l'admifsion des demandes qui lui font faites par l'Angleterre.

Finalement, entre deux Puiffances également actives & induftrieuses , telles que la France & l'Angleterre, il ne peut y avoir de traité convenable & folide, qu'autant qu'il foit fondé fur l'admifsion réciproque la plus générale, fous des droits modérés, des productions du fol & de l'induftrie, fans exception, ni reftriction quelconques. C'eft ce que l'Angleterre ne peut admettre fans changer entièrement tous les principes de fa conftitution, relativement au commerce : tant qu'elle ne le fera pas, & on voit par fes propositions combien elle en eft éloignée, tout traité de commerce avec elle eft impraticable.

Le Mémoire qui fuit eft celui que le sieur Boyetet forma & préfenta , d'après l'ordre qu'avoit donné M. de Calonne aux deux Commiffaires-Généraux, de travailler, chacun de leur côté, fur un traité de commerce à faire avec l'Angleterre.

Cet ordre étoit bien vague, ne donnant point de bafes. On verra que le sieur Boyetet, en examinant l'état où étoient les chofes réciproquement entre les deux Puiffances, relativement à l'induftrie , toucha & indiqua toutes les raifons qui devoient détourner la France de faire aucun traité , par rapport aux avantages de toute efpèce que l'Angleterre avoit dans quelques-unes des productions de fon fol & dans fa conftitution. On remarquera peut-être avec furprife que le sieur Boyetet, dans l'énumération des produits de l'indus-

*

trie fur lefquels les Anglois avoient les plus grands avantages, n'ait point fait mention de celles des étoffes de coton, qui eft cependant une des plus confidérables. La raifon en eft qu'il y avoit peu de temps qu'il étoit attaché en France à l'Adminiftration, qu'il avoit paffé fa vie en Efpagne, où dans fa place de chargé des affaires de la Marine & du commerce de la France, il avoit été à portée de connoître à fond tous les avantages que le commerce d'Angleterre avoit fur celui de la France, & leurs caufes; & comme les étoffes de coton font généralement défendues en Efpagne, de quelque part qu'elles viennent, il n'avoit jamais eu occasion de s'occuper de la concurrence des deux Nations dans ce genre d'induftrie, comme il avoit eu celle de s'en occuper de celles fur les étoffes de laine.

Au refte, si on examine avec attention ce Mémoire, on verra qu'à l'exception de l'ar-

ticle des cotons, il eſt bien peu d'objets intéreſſans, tant de l'industrie que de las constitution des deux Nations, relativement au
commerce qu'il convenoit d'avoir en considération, pour ſe mettre en état de ſe livrer à la diſcuſsion de la négociation du
traité de commerce, qu'il n'y ait été préſenté, ou au moins indiqué. Les Mémoires
du sieur Dupont applaniſſoient ſans doute
tous les doutes, & préſentoient tout ſous
un point de vue bien différent; mais n'étoitce pas une raiſon pour engager le Miniſtre
qui avoit recommandé ce travail, s'il l'a lu,
pour lui faire ſentir la néceſsité de livrer
une matière auſsi importante à la diſcuſsion
de gens inſtruits, & ſur-tout des Chambres
du Commerce & des Provinces qui étoient
le plus intéreſſées & plus à portée, par le
genre de leur induſtrie, de bien traiter &
diſcuter cette grande queſtion, enfin d'é-

clairer le Gouvernement. Il n'en a rien fait:
il a fans doute eu fes raifons ; c'eft ce dont
l'Affemblée Nationale pourra juger.

EXAMEN

RÉFLEXIONS

Sur un Traité de Commerce avec l'Angleterre, fournies par M. Boyetet à M. de Calonne, Contrôleur-Général, sur l'ordre que celui-ci avoit donné aux sieurs Boyetet & Dupont, de préfenter, chacun féparément, leurs idées, sur un Traité de Commerce avec l'Angleterre, long temps avant l'arrivée de M. Eden.

AUCUN traité de Commerce ne peut avoir lieu entre deux Puiffances éclairées fur leurs intérêts, qu'autant qu'elles y trouvent chacune leur avantage. L'Angleterre & la France ont fuivi jufqu'à préfent le fystême d'interdire abfolument tout commerce entr'elles; la raifon en eft, indépendamment de la rivalité qui a toujours régné entre ces deux Puiffances, qu'étant également induftrieufes, elles ont eu pour principe de fe fuffire à elles-mêmes, & d'écarter de chez elles toute concurrence étrangère, & fur-tout de profcrire tout ce qui pouvoit contribuer à fomenter & favorifer l'induftrie d'une Nation ennemie, pied fur lequel elles fe font conftamment regardées jufqu'à préfent. Ces principes ont été jufqu'à préfent ceux des deux Puiffances, mais bien plus ceux de l'Angleterre que de la France.

C'eft chez cette première, non-feulement le vœu du Gouvernement, mais celui de la Nation, qui nourrit la haine la plus invétérée contre la France, & à qui fa conftitution donne l'avantage de veiller fur fes intérêts, & de forcer fon Gouvernement à ne point s'écarter des principes qu'elle a adoptés.

L'efprit de patriotifme a conftamment nourri fon antipathie, & l'a portée généralement à ne pas fe permettre l'ufage des articles de France, dont la contrebande eût pu la fournir. Cet efprit eft général dans toute la Nation. Quelques exceptions qu'on voit dans quelques gens riches de Londres, fe bornent à quelques meubles, bijoux & rubans qui ne peuvent faire un objet de confidération.

Il n'en eft pas de même de la France; il n'y régne ni haine, ni antipathie contre l'Angleterre, ni rien de cet efprit de patriotifme qui porte à fe faire une loi, comme en Angleterre, de ne pas fe permettre l'ufage des articles

des

des fabriques étrangères, pour donner la préférence à celles du pays : au contraire le goût, la mode & les caprices y portent avec empreſſement vers celles d'Angleterre par préférence à celles de France, & il en réſulte qu'on peut évaluer ſans exagération à plus de trente millions (1). (On y comprenoit les articles de l'Inde, dont l'Angleterre fournit la plus grande partie). La valeur des marchandiſes que l'Angleterre fournit annuellement à la France, en toiles de l'Inde, en quincailleries, en étoffes de laine & de coton, en bonneterie & en ſelleries, pendant que tout ce que la France fournit à l'Angleterre ne montera jamais à valeur de dix millions.

Telle eſt la position actuelle des deux Puiſſances : le ſyſtême qu'a adoté le Gou-

---

(1) C'étoit l'opinion généralement adoptée par les perſonnes attachées à l'Adminiſtration. Le ſieur Boyetet l'étoit depuis trop peu de temps en France, pour avoir eu celui de la vérifier. Au reſte, comme on y comprenoit toutes les toiles de l'Inde, dont l'Angleterre fourniſſoit pour la plus grande partie de celles néceſſaires à la conſommation de la France, cette opinion n'étoit point invraiſemblable.

D

vernement de France de faire ceffer l'introduction des marchandifes d'Angleterre,
& la crainte qu'il n'y parvienne, paroît devoir être le motif qui a engagé le Miniftère d'Angleterre à penfer à faire un traité
de commerce avec la France, & à charger
de cette négociation un des hommes qui
y jouit de plus de confidération par fes talens.

On examinera en conféquence fur quels
objets peut fe porter ce traité, pour être réciproquement avantageux aux deux Nations.

Leur induftrie fe porte généralement fur
les mêmes objets avec plus ou moins de
de perfection & d'avantage, mais elles fe
fuffifent à elles-mêmes, tant pour fatisfaire
à leurs befoins, que pour fournir aux caprices du luxe; ainsi elles n'ont dans la réalité aucun befoin de leur induftrie réciproque, parce que chacune a chez elle tout ce
qu'il lui faut, & tous les moyens de fe procurer les divers genres de perfection qui lui
manquent.

C'eft ce qui arrive à la France relativement à la quincaillerie & à la fellerie, fur
lefquelles l'Angleterre a tant de fupériorité

ur elle. Quand la France voudra s'en occuper
& prendre les moyens qui dépendent abfo-
ument d'elle, fans avoir befoin d'aucun
fecours étranger, elle portera ces deux objets intéreffans d'induftrie au point de perfection dont ils font fufceptibles, & n'aura
aucun befoin de ceux d'Angleterre, comme
on l'a fait voir, dans tout ce qu'on a eu
occasion de préfenter fur ces objets.

Les étoffes de laine, de coton & la bonneterie, font également l'objet de l'induftrie
des deux Nations, & non-feulement elles
fe fuffifent chacune à elles-mêmes pour tous
leurs befoins, mais elles en fourniffent
beaucoup à l'étranger.

La Normandie, la Picardie, le Berry, le
Maine, la Champagne, le Poitou, le Languedoc, la Guyenne, enfin prefque toutes
les Provinces de France s'occupent de cette
induftrie, qui y entretient plufieurs millions
d'hommes.

C'eft le principal objet de l'induftrie de
l'Angleterre, & la première, & plus abon-
dante fource de fes richeffes, par le commerce immenfe qu'elle en fait dans toute

l'Europe, & on peut dire dans toutes les parties du monde.

Elle a, dans ce genre d'induſtrie, deux grands avantages qui lui donnent une ſupériorité décidée ſur la France, qu'il n'eſt pas poſſible que celle-ci puiſſe balancer.

Ce ſont la qualité ſupérieure de ſes laines & leur bas prix.

Ses laines ſont d'une qualité qui leur eſt particulière, & qui eſt plus propre qu'aucune autre de l'Europe à la fabrication des petites draperies, ce qui donne à leurs étoffes la préférence dans les marchés étrangers. La France a fourni, à ſes fabriques, tous les moyens poſſibles en ouvriers Anglois, en preſſes, & autres inſtrumens, pour les mettre en état de parvenir à la plus grande perfection ; les fabricans ont fait tous leurs efforts pour ſeconder ceux du Gouvernement : tout a été inutile.

L'Angleterre en eſt redevable, de rechef, à la qualité de ſes laines, & c'eſt l'effet de ſon climat & le fruit de ſoins anciens & conſtans de la Nation pour perfectioner ſes races de moutons.

M. d'Aubenton a prouvé par les faits, que celles de France étoient fufceptibles d'amélioration, & d'être portées à un point de fineffe approchante de celles d'Efpagne ; mais fi cette épreuve eft précieufe, que de regrets ne fait-elle pas naître, quand, en confidérant les moyens d'effectuer ces heureux changemens, & de les rendre généraux dans tout le Royaume, comme ils doivent l'être pour être intéreffans, on ne peut fe diffimuler la multitude d'obftacles qui s'oppofent à leur réuffite, dans la nature des Impôts, la forme de leur perception, & la mifère de la plus grande partie des Cultivateurs! Cet objet mérite, fans doute, toute l'attention du Gouvernement (1) ; mais fa réuffite demande bien des mefures, fuivies avec autant de conftance que d'intelligence, & ne peut jamais être que le fruit de beaucoup de temps. Ainfi la poffibilité des améliorations à venir ne peut entrer dans les combinaifons actuelles ; & il faut, pour le préfent, partir du principe inconteftable de la fupériorité qu'a l'Angleterre dans fes

______

(1) Tout cet article méritoit affurément bien des développemens & des difcuffions.

laines, & de tout l'avantage qu'elle donne à fes étoffes.

Celui de leur bas prix n'eſt pas moins con-sidérable ; ces belles laines ſe vendent en *ſuin* en Angleterre, à 12 ſ. la liv. pendant que celles de France, ſi inférieures, coûtent 24 ſ.

Le motif de ce bas prix des laines, en An-gleterre, doit être leur abondance & la rigueur avec laquelle l'extraction en eſt dé-fendue & ſurveillée. Il en ſort effectivement très-peu, & trop peu pour influer ſur les prix & pour fournir un aliment intéreſſant à nos fabriques. Au reſte, ce ſont des faits faciles à vérifier, & il convient même de s'en aſſu-rer (1). Les deux Nations ont également des fabriques d'étoffes de ſoie ſuffiſantes à leur conſommation ; la France a beaucoup de ſupériorité ſur cet article par le goût & les talens de ſes Artiſtes, & elle en fait un com-merce conſidérable dans l'étranger, ce que ne fait pas l'Angleterre qui ne travaille guère que pour ſa propre conſommation.

----

(1) Il ſemble que ces deux derniers articles méritoient quelque attention & d'entrer en explication ſur les dé-veloppemens dont ils étoient ſuſceptibles.

L'Angleterre a peu de fabriques de toiles, mais elle a celles d'Irlande qui font devenues très-conſidérables. La France en a beaucoup, mais elle ne peut pas ſe flatter d'en fournir à l'Angleterre ; celles de la Flandre, de la Hollande & de l'Allemagne y auroient toujours la préférence.

Il n'y a que celles de Saint-Quentin qui font recherchées en Angleterre, malgré les rigueurs avec leſquelles on en empêche l'introduction ; on compte qu'il y en entre annuellement pour la valeur de 2,500,000 liv., & que ſi l'introduction en étoit permiſe, la conſommation pourroit aller à celle de 5,000,000 liv.

Telle eſt en gros l'idée qu'on peut ſe former de l'état de l'induſtrie dans chacune des deux Puiſſances dont il ſemble qu'on peut conclure qu'elles ſe ſuffiſent à elles-mêmes ; qu'elles n'ont aucun beſoin réciproquement l'une de l'autre ; que leur ſyſtême de prohibition mutuelle eſt fondé ſur la convenance & l'intérêt de chacune d'elles ; que l'Angleterre ne coure pas un grand riſque à s'en départir ; qu'il y auroit même beaucoup à gagner pour elle, mais qu'il y auroit tout à perdre pour la

France par le tort immenfe que lui feroit l'admiffion des étoffes de laine d'Anglettere, qui écraferoient celles de fes fabriques, & par l'admiffion de fes quincailleries & felleries qui arrêteroit le fuccès des moyens qu'a la France de porter ces deux objets d'induftrie au point de perfection qui leur manque.

Il refte deux objets à traiter qui ne préfentent pas la même conféquence.

L'Angleterre n'a ni vins, ni eaux-de-vie; la France a perdu les moyens de fe procurer une grande partie des toiles de l'Inde dont elle a befoin; elle ne peut le faire commodément que par l'Angleterre.

L'Angleterre a furchargé de droits énormes les vins de France; elle admet ceux de Portugal fous des droits modiques; il y entre parconféquent très - peu de ceux de France; & quoiqu'il paroiffe qu'il s'y en confomme beaucoup, beaucoup font factices, & beaucoup entrent en contrebande. Elle eft privée par conféquent & des droits qu'elle en retireroit, s'ils étoient plus modérés, & de l'avantage de fe procurer une boiffon plus agréable & plus faine.

Les toiles du Bengale peuvent & doivent

être regardées comme produits de l'industrie Angloife ; cette Province appartient à
fa Compagnie, & fes Habitans font dans la
réalité fes vaffaux : elle les fait travailler pour
fon compte comme les ouvriers Anglois travaillent pour les fabricans qui les occupent.
La compagnie retire tous les impôts & les
revenus de ce pays, qui doit donc être regardé comme une province d'Angleterre.

Il convient à la France, qui a befoin des
toiles de ce pays, de les tirer directement de
la compagnie Angloife pour les avoir à meilleur compte. La compagnie a un égal intérêt de vendre comme la France d'acheter ;
ainsi l'intérêt eft réciproque. Ce n'eft pas que
la France n'ait à la rigueur la reffource de
s'en paffer entièrement, cela ne lui feroit pas
plus difficile qu'il ne l'a été à l'Angleterre de
fe paffer des vins de France ; & elle y parviendra quand elle voudra. Cependant on ne
peut guère fe flatter qu'elle y réufsiffe, vu
que ce font les mouffelines dont l'ufage eft
devenu prefqu'indifpenfable.

La convenance & le befoin réciproque des
vins & des toiles de l'Inde font donc égaux de

part & d'autre , & peuvent former compenfation avec un égal avantage , & fans courir
aucun rifque de fe nuire réciproquement.

Il eft fâcheux , fans doute , de ne trouver,
dans la position des deux puiffances , aucune
pofsibilité de concilier leurs intérêts, de façon
qu'elles puiffent s'unir par des avantages réciproques , & qu'on ne trouve que les vins &
les toiles de l'Inde , dont elles aient un befoin
réciproque , & qui puiffe faire l'objet d'un
échange mutuellement avantageux.

Les détails dans lefquels on eft entré,
femblent le démontrer. Mais cela eft-il fur-
prenant? ce font deux puiffances également
áctives & induftrieufes dont tous les efforts
de la rivalité fe font portés vers le but de fournir le plus pofsible aux autres Nations , &
cela fans épargner aucun moyen pour obtenir
la préférence & fe fupplanter réciproquement.
Comment peut-on fe flatter que ces Nations
aient aucun intérêt à fe fournir réciproquement , puifque non - feulement elles n'ont
point de befoins réels , mais qu'elles font en
état de fournir aux autres. C'eft de ce principe, qui eft inconteftable , qu'il faut partir

pour examiner la nature du traité de com.
merce qu'elles peuvent faire enfemble.

Il femble donc qu'il faut abandonner l'efpoir de les unir autrement que par le peu
de moyens propofés, & tourner fes vues pour
chercher de quelque autre côté les moyens
d'y parvenir d'une façon plus intéreffante.

C'eft dans le but & l'objet de leur rivalité qu'on les cherchera & qu'on efpère de
les trouver.

Les deux Puiffances font, comme on l'a
dit, actives & induftrieufes, & elles ont
rendu tributaires toutes les Nations de l'Europe. C'eft vers l'objet d'obtenir la plus
grande part pofsible dans ces tributs, que
fe font portés tous leurs efforts; c'eft pour
y parvenir que l'Angleterre, qui a toujours
fait de fon commerce la bafe principale de
fon fyftême politique, a fufcité des guerres
à la France pour l'occuper en Europe, &
lui enlever fes poffefsions en Amérique;
qu'elle a cherché & réufsi à faire, en Portugal, eu Rufsie, & par-tout où elle a pu,
des traités qui procuroient de grands avantages à fon commerce, & qu'enfin elle n'a

épargné aucuns foins & aucunes dépenfes pour traverfer les intérêts du commerce de France , & affurer au sien tous les avantages pofsibles.

La France n'a en général balancé tous ces efforts que par les reffources & l'activité de fa Nation , & enfin elle a profité de la révolte de fes Colonies pour porter à l'Angleterre le coup le plus funefte, en affurant la réufsite de cette grande révolution.

Quel a été pour les deux Puiffances le fruit d'une rivalité aufsi longue & aufsi opiniâtre, & quel a été celui de leurs fuccès ? qu'indépendamment de la multitude d'hommes qu'elles ont facrifiés, elles fe trouvent privées l'une & l'autre d'une partie de leurs poffefsions, fe font furchargées de dettes immenfes qui les écrafent, leurs Peuples, leur induftrie , & ce commerce en faveur duquel fe font faits tous ces efforts.

Tel eft l'état fâcheux auquel les ont amenés les efforts que leur a infpiré leur rivalité : mais ce n'eft pas le feul mal qu'elle a produit.

Elles ont prodigué leurs tréfors pour fe

procurer & foudoyer des Alliés qui, indépendamment de la puiffance qu'ils ont ac-
quife, ont tourné aufsi leurs vues vers le
commerce, & y ont fait des progrès au préjudice de celui dont les deux Puiffances
étoient en poffefsion, & qu'elles auroient
bien mieux fait de conferver & concentrer
entre elles.

Leur faut-il une expérience plus cruelle
de la fauffeté du fyftême auquel elles fe
font livrées? Ont-elles jamais pu fe flatter de
fe détruire & de s'élever fur les ruines l'une
de l'autre? Si l'une ou l'autre avoit pu former
un pareil projet, elles en devroient être aujourd'hui bien défabufées.

Sera-ce uniquement par l'épuifement où
elles font reftées, qu'elles fufpendent les
effets de ce fyftême, & ne travailleront-elles
à profiter du repos que leur donne une paix
forcée, que pour fe mettre en état de re-
commencer de nouvelles guerres, qui auront néceffairement les mêmes conféquences,
& ne feront que les précipiter de plus en
plus.

Le commerce des quatre parties du monde
ne préfente - t - il pas encore un objet

affez vafte à leur ambition ; & si elles s'u-
niffoient pour le faire fans autre rivalité
que celle qui eft inféparable de l'émulation
des particuliers , mais en s'affurant réciproquement tous les moyens de tirer chacune
le plus grand parti poffible de fa position &
de fes reffources , ne refte-il pas encore plus
d'objets de commerce qu'elles n'en peuvent
embraffer ?

On eft perfuadé que cette union eft pofsible , & que c'eft la feule qui convienne
aux deux Puiffances , & que si elles s'y li-
vroient de bonne foi , elles s'affureroient pour
long-temps tous les avantages qu'elles ont
cherchés jufqu'à préfent dans des guerres qui
les ont ruinés , & qui ne peuvent jamais produire d'autre effet (1).

On envifageroit dans cette union bien des
avantages.

---

(1) Ces vues fembloient affez intéreffantes pour exciter la curiosité des dévcloppemens dont elles étoient
fufceptibles : effectivement on étoit & on eût été en
état de fournir des idées & des moyens qui auroient
pu mener à rendre l'union & le concert des deux
Puiffances très-avantageux pour elles , en affurant à
leur commerce des débouchés d'une étendue que toutes les guerres ne leur produiront jamais.

Celui de ceffer d'être tributaires des autres Puiffances , & de les forcer à lever les entraves qu'elles mettent à leur commerce , fans leur impofer fans doute des loix dures & injuftes , mais en leur faifant adopter des principes plus conformes à la liberté raifonnable & mefurée , qu'il feroit si intéreffant de faire régner entre toutes les Nations.

Celui de contenir & arrêter les guerres , & fur-tout ces grandes révolutions de plusieurs genres , plus ou moins prochaines dans le Levant & dans l'Amérique , dont l'Europe eft menacée , qui en bouleverferont le fyftême politique , & affecteront particulièrement les deux Puiffances commerçantes.

Tels font en gros les vues & les avantages que préfenteroit la perfpective de l'union qu'on propofe aux deux Puiffances ; ils font fufceptibles de bien des développemens , mais on fe borne à en indiquer les objets principaux ; ils fuffifent pour en faire fentir toute l'importance.

Que les deux Puiffances les comparent aux effets qu'ont produits les fyftêmes qu'elles ont fuivi jufqu'à préfent , & qu'elles décident.

Cette proposition & ces vues doivent paroître choquer trop diamétralement les idées & les systêmes adoptés jusqu'à présent par l'Angleterre, pour se flatter qu'elle s'y livre ; cependant, il ne paroît pas possible qu'elle ne sente pas combien elles sont fondées, & qu'elle ne connoisse, par l'expérience de ses revers & de l'état violent où l'a mis l'énormité de ses dettes, toute la fausseté du systême qu'elle a suivi jusqu'à présent, & que sa continuation ne peut qu'en augmenter le poids, & l'obérer de plus en plus.

Il n'y a que le Ministère qui soit à portée de juger des dispositions où elle peut être, & si elle est susceptible d'adopter ces vues, ou tout autre qui puisse remplir le même objet.

La nomination d'un homme aussi considérable que M. Eden, & tout l'appareil dont elle est accompagnée, donnent matière à bien des soupçons sur la sincérité de l'objet de sa mission ; on craint qu'elle ne soit qu'apparente, & qu'elle cache des vues particulières pour faciliter ses arrangemens avec l'Irlande, ou les Traités de Commerce qu'elle négocie avec la Russie & le Portugal, ou pour tout autre objet. C'est également sur

quoi

quoi il n'y a que le Ministère qui puisse savoir à quoi s'en tenir.

Il n'est pas vraisemblable qu'elle se flatte d'en imposer à la France sur ses véritables intérêts, & de la porter à un Traité qui ne lui seroit pas avantageux (1). On peut juger par tous les détails dans lesquels on est entré, que quelques apparences de convenances mutuelles que présente un Traité, qui auroit pour base d'ouvrir réciproquement la porte à l'industrie des deux Nations, sous la condition de droits égaux & modérés, il seroit ruineux pour la France & inadmissible.

On est persuadé que le Ministère Anglois, qui n'est pas le maître de prendre de semblables dispositions, sans le consentement du Parlement, y trouveroit même les plus grands obstacles de la part des intéressés dans le genre d'industrie où ils se croiroient lésés. Les Distillateurs d'eau - de - vie, de grains, les Brasseurs de Bierre, s'éléveroient contre l'admission des vins & eaux-de-vie de France ; les Fabricans de soierie, & de tous

---

(1) L'évènement a prouvé le contraire : mais étoit-il possible de le prévoir ?

E

les autres objets qui craindroient la concurrence des fabriques de France, feroient
dans le même cas ; il n'y auroit que ceux des
étoffes de laine , coton, bonneterie, quincaillerie & fellerie, qui feroient dans le cas
de le fouhaiter, & qui pourroient même faire
taire les plaintes des autres , par les avantages énormes qui en réfulteroient, aux principaux objets de l'induftrie de la Nation , & en
engageant même le Gouvernement à faire des
facrifices en faveur des parties léfées , qui
feroient ceffer le tort qu'elles craindroient.
On fait que c'eft le fyftême de ce Gouvernement, de ne s'arrêter à aucune dépenfe ,
quand il eft queftion de favorifer l'induftrie
de fa Nation , & de la mettre en état d'avoir
la préférence dans les marchés étrangers.
C'eft, en conféquence, qu'il accorde des
primes fur l'exportation des articles qui
peuvent en avoir befoin , & que ces primes montent quelquefois à 3o pour cent,
comme il vient de le faire fur les fucres ; ce
qui a mis les leurs en état d'enlever aux
François & aux Hollandois, la confommation des provinces de Lorraine & d'Alface.
Comment eft-il pofsible de lutter dans fon

propre pays même, en fait de commerce ;
contre une Nation qui obtient de pareils en-
couragemens , & qui eft toujours affurée
d'obtenir tout ce qui lui donnera la préférence par-tout, parce que c'eft elle-même qui
veille fur fes intérêts , & qui décide fur toutes
les difpositions qui y font relatives (1). Comment , avec un pareil Gouvernement, qui
fe conduit d'après de pareils principes , pouvoir admettre un fyftême de réciprocité ?
Sur quelles bafes & fur quels calculs pourroit-on l'établir, qu'il ne foit le maître de
détruire entièrement , & de faire tourner
en fa faveur (2) ?

Indépendamment de ces avantages qui
font inconteftables , si on entroit dans la

---

(1) C'eft par rapport à cela que l'on a fi fort infifté
depuis le commencement, fur la néceffité de confulter
la Nation.

(2) Tout cet article méritoit bien d'être livré à l'examen & à la difcuffion; cependant il n'en a jamais été
queftion de la part du Miniftre : on verra même par les
Mémoires du fieur Dupont, dont les principes font fi
contraires, qu'il n'a jamais fait mention des objets contenus dans cet article, ni même entrepris de les combattre.

difcufsion de tous les autres que lui donne
fa conftiution dans l'adminiftration de tout
ee qui a rapport au commerce, fes fources
& fes débouchés, eu égard à la fixation invariable des impôts qui tombent fur les terres
& fur leurs productions, à la liberté dont
jouit le commerce dans toutes fes opérations,
à la fécurité avec laquelle il peut diriger fes
fpéculations, & fous laquelle il opère, fans
jamais craindre de pouvoir être vexé, gêné,
ni troublé par perfonne, ni être expofé à
aucune variation arbitraire de la part du
Gouvernement ; si, dis-je, on comparoit
toute cette forme d'adminiftration avec celle
de la même partie en France, que de différence n'y trouveroit-on pas en faveur de
l'Angleterre ?

C'eft à quoi on bornera ces réflexions :
la matière eft trop intéreffante & trop importante pour ne pas exiger d'être approfondie, difcutée & examinée avec la plus
grande attention. C'eft ce qui a fait juger
néceffaire & indifpenfable d'entrer dans tous
les détails qu'on préfente.

La note qui suit est la première pièce qui fut fournie par le ministère de France à celui d'Angleterre, pour servir de base à la négociation.

Aussitôt que le sieur Boyetet en eût connoissance, il s'empressa de former les observations qui suivent. Il les porta à M. de Calonne, qui lui dit, en présence de M. de Vergennes, qu'elles lui avoient paru très-sages.

On remarquera qu'en cherchant à éclairer le ministère sur chacun des objets d'industrie, & en lui présentant au moins les premières & principales notions qu'il étoit intéressant qu'il eût, on insistoit sur la nécessité de faire, dans les provinces, les recherches les plus exactes pour connoître les avantages que l'industrie Angloise avoit sur celle Françoise, &c. ; & qu'il étoit également utile & nécessaire de faire les mêmes recherches en Angleterre sur bien des objets, pour savoir positivement à quoi s'en tenir, & procéder avec les connoissances nécessaires dans cette négociation , pour ne pas courir rifque *d'être léfés & de faire un mauvais marché.*

De rechef , ce Miniftre trouva ces obferva-tions très-fages. Mais quel ufage en a-t-il fait ? & eft-ce d'après le réfultat de ces re-cherches qu'il s'eft décidé à foufcrire au traité ? C'eft fur quoi il n'y a que lui qui puiffe répondre de façon à juftifier fa con-duite. Ce fut peu de temps après que, comme fuite de ces obfervations , le sieur Boyetet lui délivra le projet des recherches qu'il con-venoit de faire faire en Angleterre : le sieur Boyetet ignore l'ufage que ce Miniftre en a fait.

NOTE

*Fournie par le Ministre de France pour servir
de base à la Négociation.*

LE Roi a décidé, étant en son Conseil, que
le Traité de commerce, à conclure avec la
cour de Londres, aura, pour base, le principe suivant ;

S A V O I R :

Que toutes les prohibitions, comme tous
les droits prohibitifs, feront supprimés, &
que l'on établira, de part & d'autre, des
droits tellement combinés, que l'admission
des marchandises respectives ne fera pas
illusoire, & qu'en même temps elle ne portera
pas préjudice à l'industrie nationale.

La conséquence de ce principe est qu'il
doit s'établir une concurrence entre le commerce Anglois & le commerce François, &
que ce qui fera fourni & reçu de part &
d'autre, fera regardé comme une compen-
sation.

Il est à-peu-près démontré que l'avan-

E 4

tage dans cet échange , eſt en faveur de la Farnce (1), parce que nous avons des productions auſi précieuſes & abondantes à exporter, & que notre induſtrie commence à rivaliſer avec celle d'Angleterre , ſur beaucoup d'objets ; que nous l'égalons au moins ſur quelques objets, & que nous ne ſommes point arrivés encore au point de la perfection dont nous ſommes ſuſceptibles.

Pour remplir l'objet que le Roi s'eſt propoſé , il eſt néceſſaire :

1°. De fixer les droits que nous devons impoſer ſur les marchandiſes Angloiſes;

2°. De convenir, avec la cour de Londres, de ceux que pourront ſupporter les marchandiſes en Angleterre.

---

(1) Il eſt vraiſemblable que cette réflexion n'étoit point dans la note délivrée à l'Angleterre ; mais elle prouve la fauſſeté des principes ſous leſquels le Miniſtère de France entra dans cette négociation. L'évènement a prouvé qu'il ne s'en eſt jamais départi, quelque effort qu'on ait fait auprès de lui pour l'engager à s'éclairer, en conſultant la Nation, du ſort de laquelle il étoit queſtion de décider.

Marchandifes Angloifes; quincailleries.

Avant l'Arrêt du 17 Juillet 1785 , toute quincaillerie étrangère étoit admife ; celle de l'Angleterre étoit feule prohibée , à l'exception de quelques objets , mais elles entroient fous d'autres dénominations.

Lainages.

Prohibés par l'Arrêt du 6 Septembre 1701 ; ceux d'autres pays paient 30 pour 100 , outre les 10 fols pour livre.

Les lainages ont été compris dans les quatre efpèces de marchandifes , dont Louis XIV s'étoit réfervé l'exemption par l'article 9 du traité d'Utrecht.

Et il a été arrêté par la convention, signée le   Mai 1713, qu'ils feroient foumis au tarif de 1699. Ce tarif a été fait entre la France & la Hollande. Il impofe les draps de toute couleur, la pièce de 25 aunes à 55 liv. ; celles de plus grande, ou moindre longueur, à proportion ; les ratines, felon les efpèces, à 55, 27, 42 & 21 liv. par pièce ; les ferges, à 8 & 11 liv.

Il n'eſt pas inutile d'obſerver qu'à cette époque, nos manufactures de lainage n'é-toient pas perfectionnées comme elles le font aujourd'hui.

Cotons.

Toute étoffe de coton venant d'Angleterre eſt prohibée par l'Arrêt du 6 Septembre 1701.

Venant d'autre pays, 30 p. 100 en outre des 10 ſ. pour liv.

Les toiles de coton blanches ou écrues, défendues, par l'Arrêt du 10 Juillet 1785, pour tous les pays.

Marchandiſes Françoiſes. Vins.

Nos vins payent le double de ceux de Por-tugal : l'ancienne proportion étoit de 99 à 46 ; elle eſt actuellement de 36 à 17.

Nos vinaigres payent par tonneau, 67 l. ; ceux de Port, 33. Nos eaux de vie payent par tonneau, ou 252 galons, 8 liv. 16 ſ. 6 d.

Ceux de Portugal & d'Italie payent 4 liv. 19 ſ. 6 d.

D'autres pays, 66 liv. 6 ſ.

Toileries.

Batiftes.

Linons.

Toiles généralement quelconques.

1°. Les batiftes françoifes font défendues pour fa confommation intérieure, elles peuvent être réexportées.

Les linons de France font dans le même cas.

Les batiftes de Silésie entrent comme toiles & linons, & payent par pièce de 4 à 8 yardes, 2 fchelings 11 f. 3 d.

Les droits fur les autres toiles varient; ils font toujours plus hauts pour les toiles de France (1).

Soieries.

	De France.	D'ailleurs.
Soie ouvrée . . .	39 1/3	.. 11 3/6
Filofelle	32 1/4	.. 24 3/4
Soie filée	49 1/2	.. 22

Modes.

N'ont point de qualification déterminée.

---

(1) Voyez une Note envoyée par M. Barthelemy.

Glaces.

Toutes payent 5 fchelings 5 f. par chaque livre pefant, en outre celles de France, 85 fterl. 5 fch. p. 100 l. d'évaluation. Celles des autres pays, 46 l. 15 fch.

$$10 \ . \ 12 \ . \ 9$$
$$1 \ . \ 1 \ . \ 10$$
$$\overline{12 \ . \ 14 \ . \ 7 \text{ la liv.}}$$

Savons.

Ceux de France payent 55 p. 100.
Les autres . . . . . . 27 . . 1/2.

Dentelles de foie & de fil.

Prohibées.

Orfévrerie & Bijouterie.

Ne feroit-il pas convenable de l'admettre réciproquement, moyennant un droit égal.

Quant aux marchandises non-énoncées ci-deffus, demeureront-elles fur l'ancien pied, ou fera-t-on mis de part & d'autre fur le pied de la Nation la plus favorifée? Ce dernier fyftême eft dans l'esprit du Traité.

OBSERVATIONS

Délivrées à M. de Calonne, fur la note fournie par le miniftère de France.

Pour pouvoir établir des droits qui ne rendent pas illufoire l'admifsion réciproque des marchandifes, pour que cette admifsion ne porte pas préjudice à l'industrie nationale, & pour que les deux Nations puifsent juger des avantages, ou du tort que peut leur faire cette admission, il faut nécessairement connoître la nature des marchandifes qu'elles peuvent fe fournir réciproquement, leurs prix & qualités refpectives, & leurs quantités ; fans cela, il n'est pas possible de remplir ces deux conditions qui font nécessairement la bafe du Traité ; fans cette connoiffance, l'une ou l'autre coureroit risque d'être léfée, & de faire un mauvais marché.

Marchandifes Angloifes.

L'entrée des quincailleries angloifes est défendue en France, cependant elles entrent en contrebande. On a vu que les prohibitions portées en dernier lieu avoient jeté la consternation dans les Fabriques en Angleterre, & que ce n'eſt que quand on y a connu que la contrebande continuoit à en faciliter l'entrée, que la terreur de ces défenſes y avoient répandues s'étoit dissipée.

De meilleurs moyens pour arrêter cette contrebande, tels que celui de ſévir contre les gros Marchands qui en tiennent les magaſins, & d'intéresser leur honneur & leur ſûreté à abandonner ce commerce, auroient pu y parvenir ; ce qui, joint aux moyens que le Gouvernement peut prendre pour perfectionner en France ce genre d'induſtrie, tant en attirant des Ouvriers Anglois & d'autre part, qu'en fourniſſant à ceux qui travaillent en France, dans ce genre d'industrie, les moyens de ſe perfectionner, pourroient mener au point de la rendre aussi commune en France qu'elle l'est en Angleterre : c'est ſur quoi on fera une obſervation qu'on croit fondée.

Cette industrie est d'une nature qui ne tient particulièrement en Angleterre que par la grande perfection qu'elle a ſu s'y procurer, mais non par aucun avantage

qui lui ſoit particulier & inhérent à ſon
ſol & à la nature de ſes produ&ions; elle
est donc également à la portée de toutes
les Nations , & il dépend d'elles de ſe la
procurer. Les moyens que projette de prendre la France ſont très-propres à produire
cet effet.

Il eſt queſtion de ſavoir si l'admiſsion
des quincailleries angloiſes , ſous des droits
modérés, peut nuire à la réuſsite de ces
moyens, & les détruire même.

Il est question de ſavoir , en cas qu'on
ſe décide à les admettre , ſur quel pied
devront être les droits, tant pour faire le
moins de tort possible aux Manufactures
de France , que pour donner le moins de
tentation possible à la fraude ; c'est ſur
quoi les Mrrchands de Paris qui ſont ce
commerce , ſont ſeuls en état de fournir des
lumières ſûres.

Lainages.

Tous ceux d'Angleterre ſont défendus.
Ils ſont de plusieurs ſortes.
Les draps fins.
Les draps communs.

Les petites draperies.

Les draps fins François ne le cèdent en rien aux draps fins Anglois , parce qu'ils font , les uns & les autres, faits avec des laines d'Efpagne. Il n'y a aucun inconvénient à en permettre l'entrée fous des droits modérés.

Les draps communs & les petites draperies dans lefquelles on comprend les autres étoffes de laine de toutes efpèces , font faites en Angleterre avec les laines du Pays ; & en France , avec celles du Pays ; & celles qu'on tire de Barbarie , du Levant & de diverfes autres contrées.

Si les avis qu'on a fur cet objet font aussi fondés qu'on est dans le cas de le croire , les prix des laines en Angleterre font moins chers de moitié qu'ils ne le font en France.

L'Angleterre a un autre grand avantage dans la qualité particulière & fupérieure de fes laines , qui donne à toutes fes petites étoffes un éclat & un brillant auxquels ne peuvent atteindre les étoffes Françoifes. Ces deux circonstances mettent l'Angleterre

en

en état d'etablir fes étoffes plus belles ou plus féduifantes au moins à 30 pour cent meilleur marché que les François.

Il faudroit donc ce droit pour établir l'égalité : la facilité avec laquelle fe fait la contrebande en France , feroit que pour cent pièces qui payeroient le droit , dix mille entreroient en fraude & fe vendroient fans rifque.

La Picardie , la Normandie , la Champagne , le Maine, le Poitou, le Languedoc; enfin , prefque toutes les Provinces du Royaume ont des fabriques dans tous les genres de draps communs & de petites draperies ; si les Fabriques Angloifes ont effectivement un avantage de 30 pour cent fur celles de France , celles-ci ne pourront pas foutenir leur concurrence & feront écrafées.

Cotons.

Il est également intéressant de vérifier l'avantage qu'ont les Fabriques Angloifes fur celles Françoifes ; on fait que feu M. Holker avoit fourni des détails fur cette matière. Perfonne ne connoissoit mieux que

F

lui , l'état de cette industrie en Angleterre & en France. Son avis doit être du plus grand poids.

Marchandises Françoises.

Les avis font très-partagés fur la confommation des vins de France en Angleterre.

Les uns voyent , dans leur admission fous des droits modérés ou au moins égaux à ceux de Porto , la certitude d'une confommation très-considérable.

D'autres qui connoissent bien l'Angleterre & qui y ont fait de longs féjours , font perfuadés que ce ne fera qu'à la longue que les vins de France acquerront une augmentation dans leur confommation , & la préférence fur les vins de Porto : ils fe fondent fur ce que les Anglois font accoutumés à ce dernier, à fa force & à fa dureté ; qu'ils continueront à le préférer , que la progression fera lente , & qu'il faut au moins vingt-cinq ans avant que l'importation des vins de France y foit considérable.

On ignore quelle pourroit être la confommation des vinaigres. On obferve que les droits actuels font de plus de vingt-quatre fols & demi par bouteille, & fur ceux de Portugal, à la moitié.

La confommation de l'eau-de-vie feroit certainement fort confidérable , si les droits étoient réduits fur un pied modéré ; mais, pour juger du taux fur lequel il faudroit qn'ils fussent réduits pour produire cet effet, il faudroit favoir le prix en Angleterre du Rhum , eau-de-vie de fucre qui est très-bonne , & égale fouvent en qualité la meilleure eau-de-vie de vin ; c'est celle dont on fait le plus grand ufage en Angleterre. Il est question de favoir quelle différence on y fait entre cette eau-de-vie et celle de France , tant pour la qualité que pour les prix. Il est très-vraifemblable que c'est d'après cette connoiffance que l'Angleterre prétendra fixer les droits d'entrée pour conferver l'avantage à fon rhum & le mettre en état de foutenir la concurrence de celle de la France.

Les droits actuels fur les eaux-de-vie de France reffortent à trois fols 1 denier par pinte : le prix de la pinte est de 15 fols tout

au plus ; ainsi ces droits reſſortent aux environs de 20 par cent.

Ceux ſur celles d'Eſpagne reſſortent à
1 ſol 7 deniers , ce qui fait 10 par cent
environ.

Il est important de ſavoir s'il entre beaucoup de celles-ci , à la faveur du moindre
droit qu'elles payent ; cela menera à juger
de la conſommation de celles de France ,
ſur laquelle on pourroit compter , si elle
étoit réduite au même taux ſur les droits,
& si cette réduction ſuffiroit ou non pour
aſſurer à la France une grande exportation
de cette liqueur.

Toileries.

Celles de Saint-Quentin ſont les ſeules
de France que l'Angleterre ſoit dans le cas
de conſommer ; elle tire toutes ſes autres
toiles d'Irlande , de la Suiſſe , de la Flandre
& de l'Allemagne-

Il s'est établi en Ecoſſe des Fabriques de
toiles de même genre que celles de Saint-
Quentin ; mais , malgré tous les encoura-

gemens qu'elles reçoivent, elles font encore fort au-deffous de celles-ci.

Leur entrée est défendue. Avant cette prohibition, elles payoient cinquante-cinq fols sterlings par pièces, de droits, qui faifoient aux environs de 8 pour cent.

Il en entre beaucoup en contrebande malgré la prohibition, parce que l'ufage est devenu comme nécessaire.

Suivant les notes fournies par le Commerce de Saint-Quentin, si l'entrée en étoit permife fous les droits anciens ou à-peuprès, on pourroit compter fur l'exportation fuivante :

Sur le pied actuel de la prohibition, Saint-Quentin introduit en contrebande à-peu-près la moitié de ces quantités.

Soieries.

L'Angleterre a des Fabriques de foieries dont la qualité est généralement fupérieure à celles de France ; leur prix est en proportion plus haut.

Celles de France l'emportent beaucoup fur celles d'Angleterre pour le goût, ce qui, joint au bon marché, doit donner l'efpoir bien fondé d'en importer beaucoup, si les droits font fur un pied modéré. On est perfuadé qu'ils ne devroient pas paffer de 10 pour cent, & que ce devroit être généralement leur taux fur les objets fur lefquels les deux Nations n'ont point d'avantages décidés l'une fur l'autre, & n'en ont d'autres que ceux de la perfection de leur main-d'œuvre.

Modes.

Le goût qui s'est introduit à Londres pour les modes Françoifes, est fufceptible de la plus grande augmentation ; il est donc très-intéreffant d'obtenir à l'admission de celles de France, les conditions les plus amples & les plus favorables.

Glaces.

Les droits établis fur celles de France équivalent à une prohibition. Il feroit, fans doute, fort intéreffant d'obtenir une modération qui pût donner lieu à une introduction plus forte ; au reste, l'avantage qui en réfulteroit pour la France , feroit toujours très-borné, attendu que fes Fabriques, dans ce genre , ne font pas fufceptibles d'une grande augmentation par rapport à leur immenfe confommation de bois qui commencent à devenir très-rares, & à manquer.

Savons.

On ignore quel objet d'importation pourroit faire cet article : on est cependant perfuadé qu'à droits égaux avec les autres Nations, la France auroit la préférence, quoique le taux de 27 pour cent paroiffe plus que fuffifant pour mettre l'Angleterre dans le cas de ne craindre aucune concurrence chez elle.

Dentelles de foie & fil.

On ne connoît pas la portée de ce commerce. On juge cependant que ces articles

F 4

peuvent être mis dans la claſſe des droits à 10 pour cent.

Orfévrerie & Bijouterie.

On eſt perſuadé que la France a l'avantage ſur ces articles ſur l'Angleterre , par le goût & le talent de ſes Artiſtes. Il eſt queſtion de ſavoir s'ils ſont ſujets, en Angleterre, aux mêmes droits & aux mêmes loix qu'en France, parce que ſi les droits en France étoient plus forts & les loix plus gênantes , il faudroit mettre les François de niveau, par une prime proportionnée à la ſortie & par des modifications ſur les loix.

Quant aux autres marchandiſes non énoncées , ce qui doit décider, ſi elles doivent reſter ſur le pied de la prohibition , ou être admiſes ſur le pied de la Nation la plus favoriſée , il n'eſt pas poſsible de porter un jugement , parce qu'il dépend de la connoiſſance de chaque article , de l'état où eſt chaque genre d'induſtrie, de ſon plus ou moins d'importance , & du plus ou moins de tort que l'admiſsion de ceux des Anglois pourroit y faire.

On voit , par les détails ci-deſſus, que pour

ce qui concerne les marchandiſes que l'Angleterre peut fournir à la France, il faut néceſſairement faire dans les Provinces, où il y a des fabriques de même eſpèce, les recherches qui mènent à connoître parfaitement les avantages que l'Angleterre peut avoir, & de quelle nature ils ſont, pour juger si la France a les moyens de les compenſer.

Et que pour celles que la France peut fournir à l'Angleterre, il faut ſavoir quels avantages ont ſes fabriques, ou ſes productions, ſur celles d'Angleterre.

Qu'il faut également ſavoir de part & d'autre quelles quantités elles peuvent ſe fournir réciproquement, & leur valeur approchante, non-ſeulement relativement à celle numéraire, mais auſsi à ſon genre d'utilité, en raiſon des moyens de vivre qu'elles fourniſſent au peuple, vrai & unique moyen pour l'Etat d'apprécier la valeur de chaque genre d'induſtrie.

Ces recherches doivent être faites en France & en Angleterre avec le plus grand ſoin, & de rechef elles ſont indiſpenſables pour procéder dans une affaire auſsi importante, avec les connoiffances néceffaires pour ne point errer.

Ces précautions font d'autant plus né-ceffaires, qu'il eft queftion de traiter avec une Nation extrêmement éclairée fur fes in-térêts, qui s'occupe uniquement de tout ce qui peut contribuer à l'augmentation de fon commerce, dont elle connoît tous les in-térêts dans le plus grand détail, & qu'au-cune vue politique n'eft capable de dé-cider à faire de facrifice qui puiffe y por-ter la moindre atteinte, parce qu'elle re-garde le commerce comme la principale bafe de fa Puiffance.

Pour procéder avec l'inftruction néceffaire à l'examen des divers intérêts que peut avoir la France dans un traité de commerce avec l'Angleterre, il faut néceffairement raffembler toutes les connoiffances & tous les dé-tails qui mettent parfaitement au fait de toutes les parties fur lefquelles peut porter ce traité, pour connoître la position des deux puiffances fur chacune, & les avantages & défavantages qu'elles ont réciproquement l'une vis-à-vis de l'autre.

C'eft d'après ce principe qu'on croit in-conteftable, qu'on entrera dans l'examen des intérêts qu'ont les deux puiffances relati-vement au commerce, & qu'on indiquera les moyens qu'on juge propres à fe procurer les inftructions dont on a befoin.

L'Angleterre & la France ont porté cha-cune chez elles leurs efforts fur tous les genres d'induftrie.

Elles ont des fabriques de laines de toutes

____

(1) Le fieur Boyetet ignore l'ufage qu'on a fait de cette note, & de la précédente.

eſpèces, de coton, de ſoie, de merceries &
quincailleries, ſellerie, faïence & poteries.

Il eſt queſtion de ſavoir si elles ſe ſuffiſent
à elles-mêmes ſur tous ces objets, si elles ſont
dans le cas de s'en fournir réciproquement,
quel pourroit être pour chacune d'elles
l'avantage ou le préjudice d'admettre réciproquement les produits de leur induſtrie.

La plupart des provinces de France ont
quelques genres d'induſtrie de ces diverſes
eſpèces.

La Normandie en a dans tous les genres de
lainages, de toiles & étoffes de coton, de
toiles de lin & chanvre.

La Picardie, le Berri, le Maine, la Champagne, le Poitou, le Languedoc, la Guienne,
enfin preſque toutes les provinces de France,
s'occupent de tous ces divers genres d'induſtrie, & particulièrement en étoffes de laines
de toutes eſpèces.

Le Lyonnois, le Languedoc, ont des ſa-
briques de ſoie de toutes eſpèces.

Il y a à Saint-Etienne des fabriques de
quincailleries, & plusieurs de cette eſpèce
répandues dans les diverſes provinces du
Royaume.

C'eſt la connoiſſance de l'état de l'induſtrie
dans toutes ces provinces, qui peut ſeule
fournir toutes les lumières néceſſaires & indiſpenſables pour diſcuter les intérêts du
commerce de France, & préſenter au Gouvernement tout ce qu'il doit ſavoir pour ſe
décider dans le traité de commerce avec l'Angleterre.

On ne peut l'avoir que par le canal des
Intendans, à qui il ſemble qu'on pourroit
adreſſer une inſtruction conçue à-peu-près
dans ces termes :

A L'INTENDANT DE ROUEN.

(1) Vous avez, Monsieur, dans votre ville, & dans toute votre généralité, une quantité de Manufactures de toutes efpèces, en laines & coton, &c.; il feroit intéreffant d'y faire choix parmi les négocians & fabricans, connus pour avoir plus de lumières, ceux que vous jugerez les plus capables d'examiner & approfondir, non-feulement en marchands, mais même en hommes d'état, les avantages que la France & l'Angleterre ont réciproquement l'une fur l'autre dans les divers genres de manufactures, foit du côté du goût & de la qualité des matières premières, foit de celui de la main-d'œuvre, foit de celui de la perfection des ouvrages, foit de toute autre caufe qui puiffe contribuer à la fupériorité ou meilleur marché des productions de l'induftrie. En préfentant tous les détails qui mènent à connoître la véritable pofition de la France, relativement à tous les objets d'induftrie dont elle s'occupe, & à la concurrence qu'elle

---

(1) Le sieur Boyetet ignoroit pour lors l'existence et le Mémoire du sieur Holker.

éprouve, ou peut éprouver de la part de l'Angleterre, avec toutes les ouvertures relatives aux moyens de foutenir cette concurrence, & de fe procurer même des avantages fur les objets qui en peuvent être fufceptibles, s'il y en a.

Vous avez, dans votre ville, M. Holker, qui connoît particulièrement & à fond l'état de l'induftrie en Angleterre ; & dans votre province, perfonne n'eft plus en état que lui de traiter & de difcuter cette matière. Il eft effentiel de l'y engager, ainfi que tous les gens inftruits, tant de votre ville que de votre généralité.

La navigation réciproque des deux Nations mérite également les mêmes recherches pour favoir quels avantages elles ont l'une fur l'autre, & ceux que la France pourroit fe promettre ou craindre de la réciprocité avec l'Angleterre. C'eft fur quoi les négocians éclairés de votre ville & du Havre font à portée de fournir des lumières.

L'objet du Gouvernement eft de fe procurer toutes les connoiffances & les lumières néceffaires pour être en état de connoître les

intérêts du commerce de France dans la difcufsion d'un traité avec l'Angleterre.

Je vous prie d'engager toutes les perfonnes
que vous aurez choisies, à s'en occuper fans
délai, & à y donner toute l'attention que
mérite cette importante matière.

Les lettres pour les autres Intendans feroient dans le même goût, chacun fuivant
les genres d'induftrie qui régnent dans fa Province.

Il peut y avoir, & il y a effectivement à
Paris, quelques Négocians & Marchands qui
font à portée de fournir de très-bonnes lumières fur quelques parties relatives au commerce de l'Angleterre. Il convient également
de les confulter.

Il y a un autre objet fur lequel il n'eft
pas moins néceffaire de fe procurer les connoiffances les plus sûres. C'eft fur-tout ce
que la France eft en état de fournir à l'Angleterre.

On doit les confidérer fous deux points
de vue. L'un, les objets dont l'Angleterre
manque abfolument, & que la France peut
lui fournir. L'autre, les articles d'induftrie

fur

fur lefquels la France peut avoir des avantages qui la mettent en état de fournir beaucoup à l'Angleterre.

Ce premier objet comprend les vins et les eaux-de-vie. L'Angleterre n'a point de vins, elle n'a que de l'eau-de-vie de grain & de fucre. Elle a furchargé de droits énormes ceux de France ; elle reçoit ceux de Portugal fous des droits beaucoup plus modérés.

Les Anglois fe font accoutumés à l'ufage des boiffons compofées de toutes fortes de mélanges, dont les liqueurs fortes font le fond.

Ils aiment le vin de Bordeaux ; mais fa cherété ne le met à portée que des gens riches, & encore une grande partie de ceux qu'ils confomment, font-ils frelatés & factices.

Il eft queftion de favoir quel effet produiroit en Angleterre, pour l'augmentation de la confommation des vins, la réduction des droits fur un taux modéré.

Bien des gens y voient la sûreté d'un débouché immenfe, pour la France, de fes vins.

D'autres, qui connoiffent bien l'Angleterre, qui y ont fait de fréquens voyages

& de longs féjours, & qui ont vécu dans les claffes de la Nobleffe .& du commerce, prétendent que cette révolution ne fera ni aufsi prompte, ni aufsi considérable qu'on s'en flatte, & que ce ne fera qu'à la longue, & dans l'efpace de vingt à vingt-cinq ans, qu'elle s'établira.

Il eft, comme on voit, très-effentiel de favoir à quoi s'en tenir fur des opinions aufsi contraires. Ce n'eft pas en France qu'on en trouvera les moyens, ce n'eft qu'en Angleterre. Le Gouvernement peut charger fes Miniftres de cette recherche ; ils font, par les liaifons qu'ils ont dans toutes les claffes, en état d'approfondir cette queftion, & de préfenter tout ce qui peut mettre à portée de s'en former une idée jufte.

Quant au fecond point de vue, quoique les recherches qu'on a propofé de faire en France doivent procurer beaucoup de lumières, cependant il eft néceffaire de les faire également à Londres par le même canal. On y connoît bien mieux qu'en France, quelles font les productions de l'induftrie françoife qui y auroient du débouché, & à combien on en pourroit porter la valeur.

La raifon en eft simple , Londres eft le centre & la réunion de prefque tout le commerce de l'Angleterre, & c'eft où on peut connoître parfaitement tout ce qui y a rapport. On n'a pas cet avantage à Paris, où, pour avoir les connoiffances relatives au commerce du Royaume, il faut les chercher dans toutes les Provinces & dans les places de commerce.

C'eft par la réunion de ces recherches en France & en Angleterre, qu'on fe mettra en état de ne rien ignorer de tout ce qu'il eft néceffaire de favoir pour fe conduire dans l'importante négociation d'un traité de commerce avec l'Angleterre.

Il eft queftion de part & d'autre, pour la France & l'Angleterre, de procurer à leur commerce tous les avantages poffibles. Celle-ci eft bien éclairée fur les intérêts de fon commerce dont elle fait fon principal objet. Si la France ne lui oppofe pas les mêmes lumières , la partie ne fera pas égale ; & dans une matière auffi importante , il n'y a point de petites erreurs.

PROJET

Des demandes qu'il convient de faire en Angleterre.

Sur les Vins.

Quelle est la quantité des vins de France qu'on juge qui se consomme actuellement en Angleterre ; c'est-à-dire, de ceux qui y entrent, soit en payant les droits, soit en contrebande, pour n'y pas comprendre tous ceux factices qui s'y fabriquent en grande quantité.

De quelles espèces sont ceux qui s'y consomment le plus généralement ?

A quel prix s'y vendent-ils communément ?

Enfin, tous les renseignemens & détails qui mettent à portée de juger du goût de la Nation pour ces vins, & de la quantité effective qui s'y en consomme.

Tous les détails sur les changemens qu'on a fait dans la dernière Session du Parlément, relativement aux droits d'accise, & sur les effets qu'ils doivent produire, soit pour arrêter la contrebande, soit pour diminuer ou détruire le frelatage, ou la contrefaction des vins de France.

Les mêmes détails sur les vins d'Oporto, leur consommation, leur entrée en payant les droits, leur contrebande, frelatage & contrefaction ; enfin tous ceux qui peuvent mettre à portée de juger du goût que la Nation a pour ces vins, du plus ou moins de préférence qu'elle leur donne sur ceux de France, & de leurs causes, & les recherches demandées dans l'article précédent.

Si les droits sur les vins de France sont réduits à 40 livres par tonneau, quel effet doit en résulter vraisemblablement pour leur consommation ? Quelle en pourra être l'augmentation ? Si elle sera plus ou moins prompte ? Et quelle en sera la gradation la plus probable, en raison des goûts & habitudes de la Nation, ou de la classe de gens qui en consomment, ou pourront en consommer, & en raison du plus ou moins d'influence que ces goûts & ces habitudes pourront avoir dans la révolution quelconque que cette réduction considérable doit opérer.

Sur les Eaux-de-vie.

Quelle est la consommation des Eaux-de-vie de France ? quelle quantité juge-t-on qu'il en entre, soit en payant les droits, soit en contrebande.

Quelle différence fait-on sur les prix de celles de France, d'Espagne, de Portugal & d'Italie ?

Quel est le prix du rhum ?

Quelle part ces diverses espèces d'eaux-de-vie ont-elles dans la consommation, soit en raison du prix, soit en raison des qualités plus ou moins propres aux divers usages qu'on en fait, soit en raison des goûts particuliers des consommateurs, & de leurs habitudes ?

Si les droits sur les eaux-de-vie de France étoient réduits au même taux que ceux que paient celles d'Espagne & de Portugal, quelle augmentation juge-t-on que cette réduction pourroit produire dans leur consommation ?

Les mêmes recherches sur les effets que doivent produire les changemens sur l'accise comme sur les vins.

Vinaigres.

Quelle est la consommation actuelle des Vinaigres de France en Angleterre ; & leurs droits étant réduits à 32 liv. 8 f. & demi par tonneau, quelle quantité peut-on juger que la France pourra en importer en Angleterre, eu égard au prix des autres vinaigres, foit étrangers, foit du pays, & aux motifs qui pourront engager à donner la préférence à ceux de France.

Savons.

L'Angleterre reçoit-elle beaucoup de favons de l'Etranger ? de quel pays ? & quelle quantité ? à quel prix s'y vendent-ils communément ?

En entre-t-il de France ? et fi les droits fur ceux-ci étoient réduits au même taux que ceux des autres pays, quelle quantité peut-on juger qui s'y en importeroit de France ?

Ceux qui fe fabriquent en Angleterre n'ont-ils pas toujours la plus grande part dans la consommation par rapport à l'avantage qu'ils ont fur les favons étrangers, fujets à un droit de 27 & demi pour cent.

Ce droit fe perçoit-il fur une eftimation fixe & commune à tous les favons, ou varie-t-elle fuivant les qualités & les circonftances?

Glaces.

Sur le pied de 5 f. 5 den. qu'elles paient de droits par chaque livre, & en outre 46 liv. 15 f. par cent livres d'évaluation, celles étrangères, excepté celles de Franee, qui paient 85 livres 5 fols.

Sur quel pied fe fait cette évaluation ?

En entre-t-il beaucoup de l'Etranger en Angleterre ?

Quelle quantité, ainsi que de France?

S'en fabrique-t-il en Angleterre, & y reffortent-elles si cher, qu'elles aient befoin d'aufsi forts droits pour fupporter la concurrence des glaces étrangères ?

Batiftes & Linons.

Les droits offerts fur le pied de 5 fchelings pour chaque demi piéce de celles de France, font-ils égaux, ou plus ou moins forts que ceux qui se perçoivent fur celles de Siléfie.

Modes.

L'entrée en est-elle permife ou défendue en Angletèrre? & en cas d'admifsion, fur quel pied font les droits?

Tous les détails fur l'étendue dont feroit fufceptible ce commerce, si l'entrée de celles de France étoit permife.

Quel eft le fyftême général de l'Angleterre, relativement à l'admifsion des marchandifes manufacturées de toutes efpèces? N'eft-ce pas de n'en admettre aucune, mais feulement les matières premières? S'il y a des exceptions, fur quels articles tombent-elles, & quelles en font les caufes, & à combien pour cent montent les droits auxquels elles font impofées.

Orfévrerie & Bijouterie.

L'entrée de ces ouvrages de l'Etranger eft-elle permife en Angleterre, & fur quel pied font établis les droits?

En entre-t-il beaucoup? de quels pays, & à-peu-près quelles quantités? de quelles efpèces & de quelle valeur?

A quels droits font fujettes celles qui fe font en Angleterre ?

Paient-elles un contrôle ou autre droit de marque ?

Sont-elles affujetties à un titre, ou eft-il libre de travailler à tout titre quelconque ?

Jouiffent-elles d'une prime à l'exportation ?

Un état détaillé de tous les articles de commerce, qui reçoivent une prime à leur fortie, & de leur taux.

Le prix des laines lavées qui fervent à la fabrication des draps ordinaires, & de la quantité de petites étoffes de laine dont les Anglois exportent de si fortes quantités à l'Etranger, telles que bayetels, fempiterna, fchalon, durois & autres.

A quelles loix font fujets généralement en Angleterre les bâtimens étrangers, foit pour les chargemens, foit pour ceux qu'ils font dans le cas d'y prendre ?

Quels droits font-ils tenus d'y payer, tant à leur arrivée qu'à leur départ ?

Les diverfes notes des prix courans des marchandifes qui s'impriment.

L a réponfe que le sieur Boyetet fit à celle de M. Eden, fut faite avec trop de précipitation pour ne pas s'en reffentir un peu fans doute. Cependant, on ne croit pas avoir rien omis de tout ce qui pouvoit éclairer le Ministère fur tout ce que cette réponfe de M. Eden portoit de faux & d'insidieux, & fur le vrai fystême de l'Angleterre, en matière de Commerce, vis-à-vis des Nations Etrangères.

Il ne paroît pas, par l'évènement, que ces obfervations aient fait la moindre impreffion au Ministère, ni lui aient fervi de guide dans le Traité auquel il a foufcrit : ce sera aux Ministres qui restent, & aux coopérateurs qui existent, à rendre raifon & compte de leur conduite dans cette funeste opération.

Au reste, le sieur Boyetet auroit pu ajouter à la note qu'il a mise à la tête de l'examen de cette réponfe, que l'effet que fit fur les Membres du Comité la furprife très-méditée qu'il fembloit clairement qu'on avoit eue intention de lui faire, excita parmi eux plu-

sieurs réflexions, qui tendoient à foupçon-
ner, dans cette conduite, les effets des gui-
nées Angloifes. Réflexions fâcheufes, fans
doute, pour ceux fur qui elles pouvoient
tomber, mais que leur conduite, dans toute
cette affaire, leur attiroit.

EXAMEN

DE LA RÉPONSE DE M. EDEN,

Par M. BOYETET.

Cette réponse de M. Eden fut communiquée dans un Comité tenu chez M. Lenoir, & y fut lue. On annonça que M. le Contrôleur-Général souhaitoit avoir l'avis du Comité tout de suite, & qu'il avoit laissé, pour cet effet, son Courier qui partiroit à cinq heures de cette après-midi. Il étoit d'une heure à deux. Cette précipitation souleva ce Comité. Le sieur Boyetet dit que quoiqu'il fût en état de répondre sur-le-champ, cependant il falloit du temps pour rédiger sa réponse par écrit, & offrit de l'apporter le lendemain à la même heure. M. Lenoir se chargea d'écrire à M. le Contrôleur-Général, & de lui faire goûter la nécessité de ce retard : effectivement, le

sieur Boyetet porta le lendemain cette réponse ; elle fut lue au Comité ainsi que
celles qui furent présentées par divers autres
Membres du Comité , & le tout fut remis
à M. le Contrôleur - Général.

RÉPLIQUE CONFIDENTIELLE,

*Remife par M. Eden à M. de Rayneval,
le 23 Juillet 1786.*

M. EDEN est autorisé de dire ce qui fuit, relativement aux matières principales qui font à difcuter. Souhaitant de perféyérer de traiter d'une manière franche & ouverte, ainsi qu'il a été encouragé à le faire par la conduite des Miniftres de Sa Majesté Très-Chrétienne, il remet cette note, d'après ce qu'il a communiqué ce matin à M. de Rayneval. Cette façon d'agir est non-feulement conforme à la bonne-foi avec laquelle nous agiffons, mais aussi la mieux calculée pour prévenir des méprifes. On procédera enfuite à mettre de côté, comme définitivement conclus, tous les points fur lefquels on fera d'accord; il y a lieu d'efpérer que les chofes qui refteront à difcuter, feront réduites à un petit nombre, & pourront être arrangées en peu de temps, après quoi on n'aura qu'à donner la dernière main au Traité.

Réplique de M. Eden.

Iere. M. de Rayneval a dit, dans ſes obſervations ſur le premier article des déclarations des deux Cours, que la France offre la ſuppreſsion de toutes les prohibitions & de tous les droits prohibitifs. L'Angleterre ne peut pas adopter cette proposition, mais Sa Majeſté ſe tient pleinément, avec la meilleure disposition possible, à l'offre qu'elle a faite, & que Sa Majeſté Très-Chrétienne a adoptée, d'abolir toutes les prohibitions & tous les droits qui mettent la navigation & le commerce des Sujets réſpectifs ſur un pied plus déſavantageux que ceux des autres Etats, avec la réſerve mentionnée dans ledit article.

OBSERVATIONS.

OBSERVATIONS.

Iʳᵉ. LA France ne pouvoit donner de preuve plus convaincante de la bonne-foi avec laquelle elle vouloit contribuer à faire cesser les funestes effets de la rivalité qui a régné jusqu'à présent entre les deux Nations, qu'en proposant de supprimer réciproquement toutes les prohibitions & les droits prohibitifs.

M. Eden refuse d'adhérer à cette proposition, & se borne à offrir d'abolir toutes les prohibitions qui mettent la navigation & le commerce de France sur un pied plus défavantageux que ceux des autres Nations.

C'est sur quoi on observera que cette proposition détruit absolument les vues que se proposoit la France, qui étoient les seules justes & raisonnables, parce que tout le régime & les dispositions de l'Angleterre, relativement à tous les autres Etats, tendent à en repousser le commerce, & à n'en admettre aucune marchandise manufacturée, mais seulement les matières premières, & les objets dont elle a besoin, & que son sol, ni son industrie ne peuvent lui fournir,

H

Réplique de M. Eden.

IIᵉ. Par rapport à ladite réferve, M. de Rayneval remarque que les deux Cours doivent indiquer les Traités fur lefquels elle porte. Les Miniftres d'Angleterre conviennent de la juftefſe de cette remarque. M. de Rayneval a mentionné l'article 24 du pacte de famille, comme le feul que la France ait à citer. M. Eden eft autorifé de répondre que la Grande Bretagne n'a nul Traité avec

Observations.

comme il lui arrive fur les vins & liqueurs qu'elle charge de droits excefsifs, & fur les toiles dont elle fait peu, & qu'encore, malgré le befoin, elle charge de droits de 25 & 30 p. 100.

Tel eft fon fyftême relativement au commerce avec tous les autres Etats. On connoît également les effets exclusifs de fon acte de navigation. C'eft fur ce même pied qu'elle prétend être vis-à-vis de la France. La fuite de fes propositions fera connoître les exceptions qu'elle y veut mettre en faveur de la France, ce qu'elle en exige, & les effets qu'on en doit attendre.

IIe. L'Angleterre eft forcée de conferver cet avantage au Portugal, parce que c'eft à cette condition qu'elle y jouit, pour fes lainages, des faveurs qui lui furent accordées dans ce traité.

Réplique de M. Eden.

aucune autre puiſſance , par lequel elle
ſtipule de donner des priviléges ou avantages ſpéciaux , aux ſujets de telle puiſſance,
excepté le Traité avec le Portugal , du 27
Décembre 1703, qui ſtipule que les vins de
Portugal feront importés, fur un droit d'un
tiers moins que ceux de France.

IIIe. En explication du deuxième article
des déclarations des deux Cours , les Miniſtres d'Angleterre ne penſent pas qu'il ſoit
convenable d'entrer dans une diſcussion dé-
taillée des droits particuliers dont chaque
article de commerce fera chargé. On croit
que cette diſcussion feroit très-difficile , si
même il étoit possible d'en venir à une
conclusion. Peut-être que la nature du Gouvernement Anglois , & le ſyſtême des reve
nus la rendroit impraticable ; mais ce qu'il
y a de certain, c'est qu'un tel travail retar-
deroit la négociation & éloigneroit l'obje
que les deux Souverains ont en vue , qui
est de faire éprouver, aussitôt qu'il fera
possible, les effets heureux d'un commerce
libre & réciproque.

Obfervations.

III_e. Il eft certain qu'il eft inutile d'entrer dans la difcuſsion des tarifs, puiſqu'ils font faits & connus, & que la France doit être traitée ſur le même pied ; mais ces tarifs étant, comme on l'a dit, établis ſur un pied à-peu-près prohibitifs ſur tout ce qui peut nuire à l'induſtrie nationale de l'Angleterre, il eft aſſez difficile de comprendre quels heureux effets peut en attendre le commerce de France. Au refte, ces tarifs exiſtent & doivent être examinés, pour que le Gouvernement ſache positivement à quoi s'en tenir, & si effectivement la France doit être auſsi empreſſée, comme le fait entendre M. Eden, de jouir des heureux effets des conditions qu'il propoſe.

H 3

Réplique de M. Eden.

M. Eden ajoute de lui-même qu'un tel travail n'aboutiroit à rien, par rapport à cette multitude de petits objets qui continueront pendant la durée du Traité à être importés en payant les mêmes droits que payent les Nations les plus favorisées, lors de la signature du Traité. La quotité de tous ces droits est de notoriété, & conséquemment à l'abri de toute dispute.

IVe. Il ne reste aucune observation à faire sur le troisième article des deux déclarations ; & par rapport au quatrième, on espère que les conférences que M. de Rayneval & M. Eden ont ensemble sur les arrangemens qui doivent être principalement tirés du Traité d'Utrecht, pour la sûreté & l'avantage du commerce & de la navigation, sont bien avancées & est en bon train pour en venir bientôt à une fin.

V^e. M. Eden est autorisé à expliquer plus clairement qu'il ne pouvoit faire, ci-devant, l'étendue des avantages que la Grande-Bretagne espère d'avoir en échange, & aussi

Observations.

V$_e$. La réduction propofée fur les droits
fur les vins eft confidérable fans doute ; mais
pour juger de fes effets fur la confommation,
il fuffit de confidérer qu'au lieu de 43 1 ſ.

H 4

Réplique de M. Eden.

de propofer la diminution des droits fur certains articles pour l'avantage mutuel, & conformément au principe des deux décla-rations.

En vertu de l'article premier , les droits fur les vins de France qui font actuellement à 96 fter. 5 f. 4. 3. p par tonneau, feront réduits à 60 l. 6 f. 4 p. déduction qui excède le tiers du total des droits ; & Sa Majefté , conformément à l'article troisième, s'engagera, si la Cour de France le fouhaite, que la quotité defdits droits ne fera pas augmentée pendant la durée du Traité.

Obſervations.

environ que payoient les vins de France, ils ne payeront plus que 27 ſ. Le vin de Bordeaux, qui eſt celui qui ſe conſomme le plus à Londres, s'y vend communément de 5 à 6 livres la bouteille ; ainsi, ſur le pied de la réduction propoſée, il y coûtera 16 ſols de moins. On laiſſe à penſer si une pareille diminution doit produire une grande augmentation dans une conſommation qui n'eſt qu'à la portée des gens très-riches, dont plusieurs, ſans doute, font beaucoup d'uſage, mais dont le plus grand nombre préfère le vin d'Oporto, qui ne coûte que 60 ſ. la bouteille, différence énorme d'après le prix des vins de Bordeaux, & avantage que le vin d'Oporto conſervera, puiſqu'il payera toujours un tiers de moins de droits que ceux de France.

Les vins de Bourgogne & de Champagne valent communément à Londres de 8 à 10 liv. la bouteille.

(1) C'eſt ſur quoi on obſervera que ſi les droits

---

(1) Toute cette obſervation devient fauſſe ; le calcul de 22 ſ. étoit faux. Le droit étoit de 43 1/3 ſ. a ce prix & celui de 40 ſ. de premier coût du vin de Bordéaux, il n'eſt pas ſurprenant qu'on ne puiſſe le donner à moins de 6 liv.

Réplique de M. Eden.

VIe. Procédant d'après les mêmes principes,
les eaux-de-vie de France ne paieront plus

Obfervations.

d'entrée n'ont été jufqu'à préfent que de 43, il eft affez difficile de comprendre pourquoi les vins de France y font fi excefsivement chers, ne confervant aucune proportion avec le coût d'achat & les frais, comme il faut que les droits d'accife foient en outre très-forts, & néceffitent cette augmentation de prix. C'eft fur quoi il faudroit être parfaitement inftruit, pour pouvoir raifonner avec la certitude que demande une matière aufsi intéreffante. On croit cependant pouvoir conclure que qu'elles qu'en foient les raifons, les vins de France ne feront jamais, tant que les droits excefsifs fubfifteront, qu'un objet de confommation pour les gens très-riches, & par conféquent ne fera jamais un objet de confommation confidérable. Que la diminution de 16 fols fur les droits, n'eft pas capable d'y produire la moindre augmentation, & par conféquent elle reftera fur le même pied qu'elle exifte actuellement.

VIᵉ. Cette réduction établira les eaux-de-vie de France fur le même pied que celles

Réplique de M. Eden.

que le même droit , dont font chargées les eaux-de-vie de tout autre pays ; & comme celles de France font d'uue qualité fupérieure , elles auront , à droits égaux , la préférence dans la confommation de la Grande-Bretagne.

Obfervations.

d'Efpagne, Portugal & Italie, qui paient la moitié moins que celles de France.

Les droits fur celles de France reffortent à 3 fols 1 den. par pinte. Le prix de la pinte ne peut être évalué au-deffus de 10 fols ; ainsi ces droits font aux environs de 30 pour cent.

Ceux fur les eaux-de-vie des autres pays reffortent à 1 f. 7 deniers, ce qui fait un peu plus de 15 pour cent.

La diminution de 1 fols 6 deniers par pinte doit-elle occasionner une grande augmentation dans la confommation ? c'eft ce qu'on ne croit pas fur un objet tel que l'eau-de-vie, dont l'ufage eft par trop petites parties, fur lefquelles cette réduction devient infenfible. C'eft à quoi on ajoutera une obfervation.

Le Mémoire fourni par le Conful de Barcelonne, fur la quantité d'eaux-de-vie qui en fortent pour l'étranger, n'en porte aucune pour l'Angleterre, mais feulement pour les Isles Angloifes de Jerfey, Garnefey & Aurigny, & pour les ports de Rofcof, Boulogne, Calais & Dunkerque, où elles font prin-

Réplique de M. Eden.

Obſervations.

cipalement deſtinées pour fournir aux frau-
deurs anglois. Les Isles Angloiſes ci-deſſus
ſont libres , & les eaux-de-vie y ont la même
deſtination.

Il en réſulte que les eaux-de-vie d'Eſpagne ,
malgré le droit modéré qu'elles paient, n'y
ſont point envoyées directement. Il ſemble
qu'on en peut conclure que ce n'eſt qu'en
évitant les droits , qu'elles peuvent ſoutenir la concurrence du rhum, eau-de-vie de
ſucre , dont on fait en Angleterre la plus
grande conſommation, & que les eaux-de-vie
de France ſeront dans le même cas , & reſ-
teront, malgré la réduction du droit, dans
celui de continuer à être exportées en contrebande , ce qui les laiſſeroit dans le même état
où elles ſont.

Il eſt certain que les eaux-de-vie de France
ſont ſupérieures à toutes les autres ; mais il
l'eſt auſsi que celles d'Eſpagne ſe perfec-
tionnent tous les jours , & commencent à
s'approcher de très-près de celles de France ,
& qu'elles ſont à meilleur marché.

On conclut de ces diverſes obſervations ,

Réplique de M. Eden.

VIIe. Les vinaigres de France payent à présent un droit d'entrée de 67 fch. 5 f. 4 den. par tonneau ; mais felon le principe ci-deffus, ils ne paieront plus que 32 8 & demi, déduction qui va au-delà de la moitié; vu aufsi leur fupériorité, ils auront également la préférence.

VIIIe. D'après le même principe, les droits fur les toiles de France, importées dans la Grande-Bretagne, feront réduits de 75 pour cent de la valeur, aux mêmes droits qui fon't payés par la Hollande & la Flandre, & qui ne font que de 25 à 30 pour cent, felon que

Observations.

que la France ne doit pas fe flater que la réduction propofée puiffe opérer une grande augmentation dans l'exportation de fes eaux-de-vie pour l'Angleterre.

VIIe. Cette diminution réduira les droits fur les vinaigres de 30 f. environ qu'ils payoient, à 15 fols environ la bouteille ; l'Angleterre a fes vinaigres de bierre, de cidre, & d'autres efpèces, & vraifemblablement le taux des droits qu'elle conferve fur ceux étrangers, fera celui qu'elle juge fuffifant pour confer-ver aux fiens l'avantage. Au refte, on fent que ceux étrangers ne peuvent être qu'à la portée des gens riches, & que cela ne peut jamais faire un objet de commerce bien in-téreffant.

VIIIe. Cette réduction est certainement très-confidérable, mais on n'eft pas d'accord avec M. Eden fur la conféquence qu'il en tire en faveur des toiles de France.

Il peut être vrai qu'avant la prohibition des toiles de France, ou le taux de leurs

Réplique de M. Eden.

la qualité de la toile ; & comme l'importation des toiles de France, en comparaison
de celles des autres pays, a été très-considérable pendant l'espace de temps que les droits
étoient au même niveau, il est à présumer
que la France retirera de grands avantages
de cette concession.

M. Eden observera ici, d'après ce qui lui
a été suggéré par les Ministres d'Angleterre,
qu'en accordant l'importation dans la Grande-
Bretagne, des articles du crû de France,
qui sont nécessairement consommés dans la
Grande-Bretagne, son sol ne pouvant les produire, tels que les vins ou telle marchandise,
dont on ne peut pas manufacturer une quantité suffisante pour la consommation, telles
que les toiles, la Grande-Bretagne donnera
à la France un avantage considérable, en lui
accordant de les importer sur un pied aussi
avantageux que lorsqu'elles viennent de quelque autre pays étranger que ce soit, autant que
le permettent les traités subsistans ; & c'est
un fait constant : malgré les gros droits mis
sur ces articles, on en importe de l'étranger

Obſervations.

droits à 75 p. 100, qui en eſt l'équivalent,
leur importation en Angleterre fût très-considérable en comparaiſon de celles des autres
pays, ce qui cependant vaudroit la peine
d'être vérifié. Mais cette époque eſt très-
ancienne, & date vraiſemblablement du
commencement du siècle. Or, pour lors, la
plus grande partie des fabriques de toiles de
Suiſſe & d'Allemagne n'exiſtoient pas. Il ne
feroit donc pas étonnant que pour lors les
toiles de France euſſent en Angleterre une
grande conſommation. Mais aujourd'hui les
autres fabriques ſe ſont multipliées & perfectionnées au point qu'elles inondent tous les
pays qui en manquent, & que celles de
France ne peuvent plus ſoutenir leur concurrence. C'eſt ce qui eſt atteſté unanimement & généralement par tous les mémoires
des Conſuls de l'Italie & de l'Eſpagne. On
peut donc s'attendre qu'elles éprouveront le
même ſort en Angleterre, où ces autres toiles
ſont déja en poſſeſsion de la conſommation.
En outre, les fabriques de toiles d'Irlande
n'exiſtoient pas pour lors, elles ſont très-

Réplique de M. Eden.

une quantité très-confidérable, & les loix qu'on a faites dernièrement, au fujet du vin, contribueront beaucoup à augmenter l'importation de ces articles.

IXe. Pour fervir de compenfation à ces avantages, qui certainement font très-importans, on attend que la France fe prêtera de fon côté à des arrangemens dont la Grande-Bretagne puiffe profiter à fon tour. On efpère donc que la quincaillerie, en y comprenant tous les ouvrages d'acier & de fer, fera admife mutuellement en payant des droits modérés, ainfi que les ouvrages de laine, tant tricotés que tiffus; & il eft à obferver que dans le dernier cas, d'étoffes tiffues, l'avantage fera mutuel, fur-tout dans les étoffes légères. En fixant les droits, on propofe de les proportionner au prix de l'étoffe par aune.

Obſervations.

modernes ; elles ont fait des progrès très-
rapides , & elles commencent à entrer , avec
aſſez d'avantage , en concurrence avec les
autres toiles dans les marchés étrangers. On
en peut conclure que la grande augmentation
que fait enviſagerM. Eden, eſt dénuée de toute
vraiſemblance, & que tous les avantages qu'il
prétend qu'en retirera la France, ſont abſo-
lument illuſoires.

IXᵉ. En compenſation de ces prétendus avantages , M. Eden demande l'entrée de toutes
les quincailleries & ouvrages d'acier & de
fer, de toutes les étoffes de laine, tant tiſſues
que tricotées , & de toutes les étoffes de
coton.

Chacun de ces objets mérite une diſcuſsion
particulière.

Les Quincailleries.

L'entrée de celles d'Angleterre eſt défendue en France ; elles entrent en contrebande. L'Angleterre a, ſur cet objet d'induſtrie, un avantage infini ſur la France,
dont les établiſſemens dans ce genre ſont si

Réplique de M. Eden.

Les Miniſtres d'Angleterre demandent auſsi que les prohibitions ſur les cotons, dont grande partie ont été faites pendant la négociation, ſoient abolies, & que les étoffes de coton ſoient admiſes dans les Etats des deux Souverains, en payant un droit modéré.

Obſervations.

inférieurs à tous égards , qu'ils ne peuvent entrer en comparaiſon ; mais les eſſais qu'on y a fait prouvent que la France peut les égaler , quand elle voudra s'en occuper férieuſement. Elle a le germe de cette induſtrie , elle peut ſe procurer des ouvriers anglois tant qu'elle voudra , & peu d'années ſuffiront pour rendre cette induſtrie aufsi commune & aufsi parfaite en France, qu'elle eſt en Angleterre, qui n'a, ſur cet objet, aucun avantage qui lui ſoit particulier, mais ſeulement la perfection de ſes ouvriers, qui paſſeront en France quand ils ſeront ſûrs d'y être bien accueillis & payés : c'eſt ſur quoi on ſe réfère aux eſſais faits de tous côtés, aux moyens qu'à indiqué le sieur Grimond, & aux Mémoires formés en conféquence, qui démontrent la vérité de ces aſſertions.

Le ſuccès de ces meſures commencées , & dont la ſuite eſt si intéreſſante pour mettre la France en état de ſe ſuffire à elle-même, ſur un objet de confommation aufsi confidé‑ rable, feroient certainement arrêtés & dé‑ truits par l'admifsion des quincailleries que

Réplique de M. Eden.

Observations.

demande M. Eden. La crainte de la contrebande fuffiroit elle-même pour y faire accé-
der : ce feroit avoir une bien fauffe idée des
reffources & des moyens du Gouvernement ,
que de fuppofer qu'il ne pût l'empêcher. On
a vu la confternation qu'a jetté en Angleterre
la publication des défenfes, & que, pour peu
qu'on y eût tenu la main , fes établiffemens ,
qui ne fubsiftent que par la confommation
de la France, étoient écrafés, & leurs ouvriers
forcés à s'expatrier & à paffer en France.
C'eft un fait conftant ; il l'eft également que
ce n'eft que depuis cette époque que l'Angleterre a témoigné l'envie de faire le traité
de commerce avec la France, qu'elle preffe
aujourd'hui avec tant de chaleur , pendant
que jufqu'alors elle recevoit , avec tant d'indifférence , les inftances de la France. Quand
le Gouvernement voudra tenir la main ,
comme il le peut, à empêcher la contrebande,
il réufsira , & fixera un genre d'induftrie qui
lui évitera le préjudice de payer à l'Angleterre un tribut aufsi confidérable comme
celui qu'elle lui paie.

Réplique de M. Eden.

(139)

Etoffes de Laines.

On peut les diftinguer en divers genres :
Draperie fine.
Draps communs.
Petites draperies.
Tricots.

Les draps fins fe font en Angleterre,
comme en France, avec des laines d'Efpagne.
Les François & les Anglois ont les mêmes
moyens de fe les procurer. Ainsi ils n'ont
aucun avantage l'un fur l'autre, leur genre
de fabrication eft différent ; mais les fabricans François de Louviers , Abbeville &
Sedan, ne craignent point la concurrence
de ceux Anglois : ils font même perfuadés que
si ceux-ci trouvoient de la confommation en
France , ils en feroient dédommagés par
celles qu'ils trouveroient en Angleterre. Ce
feroit de part & d'autre l'effet du caprice des
gens riches des deux Nations ; ainsi rien à
craindre ni à gagner fur l'objet des draps fins
de la concurrence réciproque.

Les draps communs & les petites draperies

Réplique de M. Eden.

Obſervations.

donnent lieu à des obſervations dont les ré-
ſultats ſont bien différens.

Toutes ces étoffes ſe font en Angleterre
avec les laines du pays, & en France avec
celles du Royaume & celles qu'elle tire du
Levant, de la Barbarie, d'Italie & de diverſes
autres contrées.

L'Angleterre a deux grands avantages ;
celui de la qualité ſupérieure de ſes laines
qui lui eſt particulière, & celui de leur bas
prix qui eſt, à ce que des informations qu'on
croit ſûres atteſtent, moitié moindre que
ceux de France, de façon que, pendant que
les laines du Berry valent 50 ſ. la livre, celles
d'Angleterre y coûtent de 25 à 30 ſ.

Cette énorme différence de prix doit être
attribuée à l'extrême abondance des trou-
peaux en Angleterre, & à la défenſe rigou-
reuſe de l'exportation des laines à laquelle
on y veille avec une exactitude qui fait qu'il
en ſort très-peu.

Ces deux avantages donnent à l'Angleterre
les moyens d'établir, dans tous les marchés
étrangers, leurs draps ordinaires, & une

Réplique de M. Eden.

Obſervations.

grande quantité de petites étoffes de laines à des prix beaucoup au-deſſous de celles de France. C'eſt ce que l'on a vu conſtamment en Eſpagne, où les femmes du peuple ſont habillées généralement d'étoffes angloiſes ; c'eſt ce que confirment tous les mémoires qu'ont fourni en dernier lieu les Conſuls de ce pays ; & ceux qu'ont fourni ceux d'Italie, préſentent exactement les mêmes détails, ſans que les fabriques de France puiſſent entrer en concurrence avec les Anglois ſur la plupart de ces étoffes.

On a eu occasion de raiſonner, à Beauvais & à Amiens, ſur cette matière, avec les principaux fabricans. On a ſu d'eux que, ſous M. de Trudaine, le père, le Gouvernement avoit fait tous les efforts poſsibles pour les mettre en état de perfectionner les fabriques d'étoffes de même genre que celles angloiſes ; qu'on leur avoit fourni des preſſes & des ouvriers Anglois, & enfin tout ce qui pouvoit leur en donner les moyens ; qu'ils y avoient mis tous leurs ſoins ; qu'ils étoient parvenus à en faire de ſupérieures en qualité,

Réplique de M. Eden.

mais

Observations.

mais qu'ils n'avoient jamais pu parvenir à leur donner le luftre & l'éclat qui féduit l'acheteur, & que, d'ailleurs, elles coûtoient beaucoup plus cher. Que cet éclat & luftre provenoient de la qualité des laines angloifes qui l'admettent pendant que celles de France n'en font pas plus fufceptibles, que pendant les guerres elles en avoient trouvé quelque débit en Efpagne, mais qu'à la paix ils avoient été obligés d'abandonner ces genres de fabrications. On affure l'exacte vérité de ces rapports, & on en conclut, ainsi que des détails ci-deffus, que les Anglois font en état, à la faveur de ces deux grands avantages de la qualité & du bon marché de leurs laines, d'écrafer les fabriques de toutes les petites étoffes de même genre de France, & qu'à plus forte raifon celles-ci ne peuvent pas fe flatter de trouver en Angleterre la moindre confommation des leurs ; ainsi il y a perte & deftructiou affurée fans aucun dédomagement pour elles. C'eft le fort qu'éprouveroient certainement les fabriques de la Picardie, de la Champagne, de partie de la Normandie,

K

Réplique de M. Eden.

Observations.

& de nombre d'autres Provinces de France qui travaillent dans ce genre d'étoffes.

L'objet des tricots doit donner lieu aux mêmes réflexions.

Cotons.

On ne fauroit préfenter fur cet objet de meilleurs renfeignemens que ceux fournis par M. Holker, dont la capacité étoit bien connue. C'eft à lui que la France eft redevable, de l'exiftence de fes manufactures de cotons qu'il y avoit apportées d'Angleterre, & affurément on ne peut lui refufer qu'il connoiffoit parfaitement l'état de ce genre d'induftrie dans les deux Royaumes. Sa lettre du 29 Décembre paffé, entre dans tous les détails qui le menent à prouver que les Anglois font en état d'établir leurs étoffes de coton à 30 p. 100, meilleur marché que les François, & que leur admiffion fous des droits tels qu'ils fuffent, écraferoit les fabriques de France, & ôteroit le pain à 160 ou 200 mille ouvriers dans la feule Généralité de Rouen. On ne peut que fe référer à cette lettre fur tous les

Réplique de M. Eden.

M. Eden doit ici obferver que pour ce qui regarde certaines manufactures, il y a des droits intérieurs payés par les fabricans, & que ces droits doivent être excédés par ceux qu'on impofera fur les marchandifes de la même forte qui viendront de l'étranger pour la protection des manufactures, & que la même chofe aura lieu pour la France dans les cas qui fe préfenteront, & pour prévenir l'introduction des cotons teints provenant des Indes Orientales. M. Eden a un plan à propofer qu'il croit entièrement fuffifant.

M. Eden fera bien-aife d'être informé quels font les droits les plus modérés que les Miniftres de France penfent pouvoir propofer fur les trois articles mentionnés dans ce paragraphe, & il fuppofe qu'on ne perd pas de vue l'intention des deux Souverains énoncée dans le deuxième article de leurs déclarations,

Obſervations.

détails, mais ce court expoſé ſuffit pour faire ſentir les conſéquences de l'admiſsion demandée par M. Eden.

Cette réſerve laiſſeroit à chaque Puiſſance les moyens d'éluder les accords, ce qui ſeroit une ſource intariſſable de plaintes & de tracaſſeries réciproques.

Pendant que M. Eden a établi que l'Angleterre ne peut ſe départir en faveur de la France, des tarifs communs aux autres Nations, qui ſont, comme on l'a dit, prohibitifs, ou ſur de très-forts droits, comme on le voit, ſur les toiles, qui ſont de 25 pour cent & au-deſſus, il ſollicite l'admission

Réplique de M. Eden.

qui eſt de favoriſer mutuellement le commerce des ſujets reſpectifs, ſans nuire à
l'induſtrie nationale, non plus qu'au revenu
public, en même temps ſans rendre illuſoire
les faveurs qu'ils s'accorderont réciproquement.

M. de Rayneval a demandé, de la part
de la France, qu'on fixât les droits 1°. ſur
les vins, eaux-de-vie & vinaigres; 2°. ſur
les ſoieries & modes; 3°. ſur la batiſte,
linons & autres toiles; 4°. ſur les glaces.

Quant au premier, M. Eden eſpère qu'il
a donné une réponſe ſatisfaiſante. Pour ce
qui eſt du deuxième, comme la prohibition en Angleterre ſur les ſoieries venant
de l'Etranger est générale, excepté pour
les crêpes de ſoie, & une eſpèce de ſoie
appelée tiſſanie, des Manufactures d'Italie,
qui peuvent y être introduites en payant
un droit aſſez conſidérable, cette prohibition ne peut pas être abolie pour des rai-
ſons aſſez connues, quoiqu'il y ait plusieurs
articles dans la ſoierie où l'Angleterre auroit grandement l'avantage ſur la France,

Obfervations.

des quincailleries , des étoffes de laines &
de celles de coton , fur le pied de droits
modérés , fous le fpécieux prétexte de favorifer le Commerce refpectif , fans nuire à
l'induftrie nationale. On peut juger par
tous les détails ci-deffus, fi cette admission
est compatible avec la confervation de l'induftrie Françoife , & si , au contraire , elle
ne la détruiroit pas entièrement.

Le refus de l'admission réciproque des
des foieries, eft fort singulière, & démontre
trop clairement les principes de l'Angleterre pour y laiffer le moindre doute.

C'est le feul objet d'induftrie fur laquelle
la France ait de la fupériorité fur l'Angleterre ; c'eft ce qu'elle fent bien : aussi
fe refufe-t-elle à les admettre. Elle veut
qu'on reçoive fes quincailleries , fes étoffes
de laines & de coton fous des droits modérés, & offre la réciprocité, parce qu'elle
eft bien convaincue qu'elle n'a rien à en
craindre , s'agit-il des foieries dont elle re-
doute de ne pouvoir foutenir la concurrence , elle s'y refufe fous la raifon que la

Réplique de M. Eden.

nommément dans les rubans , peut-être aussi dans les bas de foie, les gases, & presque toutes les étoffes mêlées de foie.

Vu que les prohibitions générales fur les foieries qui ont fubsisté si long-temps , on ne propose pas l'admission des foieries d'Angleterre , quoiqu'on feroit bien aife de l'obtenir ; mais comme les crêpes de foie & les tiffanies entrent en Angleterre en vertu de l'exemption ci-deffus mentionnée, on s'attend que les gases de la Grande-Bretagne feront admifes fur un droit raifonable, & comme ces gafes ne font pas manufacturées en France ni dans aucun autre Pays dans la même perfection que dans la Grande-Bretagne, & que par leur peu de valeur, elles deviennent un article de contrebande , on imagine que cette proposition ne fera pas désagréable.

A l'égard de l'article des modes, que M. de Rayneval range avec celui des foieries, on penfe qu'il eft à propos de laiffer cet article dans la claffe de cette multitude d'objets qui feront compris dans la règle générale dont leurs Majestés font convenues , c'est-

Obſervations.

prohibition eſt générale **en Angleterre ;**
mais la France peut lui dire que la
prohibition est également générale chez
elle pour les quincailleries , étofes de laines
& de coton , ou , ce qui est l'équivalent ,
que ce qui eſt admis ne l'eſt que ſous des
droits très-forts. Ainsi elle a les mêmes rai-
ſons pour les refuſer.

L'exception , en faveur des crêpes , ne
peut intéreſſer la France qui les tire de
Boulogne , comme l'Angleterre.

Pour ce qui eſt des gazes , on ſait les
efforts des Fabricans François , leurs ſuccès & tous les progrès dont ils ſont ſuſceptibles ; ce ſeroit les arrêter & détruire , que
de permettre l'entrée de celles Angloiſes.

L'article des modes ne pourroit être laiſſé
dans la claſſe des objets généraux renvoyés
à être traités comme la Nation la plus fa-
riſée. M. Eden a commencé par établir qu'il
n'y a en Angleterre aucune Nation favoriſée ,
excepté le Portugal , ſur les vins , & que ,
ſur tout le reſte , elles ſont toutes traitées
ſur le même pied. Que veut-il donc dire

Réplique de M. Eden.

à-dire, qu'ils ne feront fujets à aucune pro-hibition ou droits, que conformément à ce qui a lieu pour les Nations les plus favorifées.

Quant aux troisième , c'est-à-dire , les ba-tiftes , linons & les autres toiles , M. Eden a déja répondu à ce qui concerne les toiles, & il croit à la fatisfaction des Miniftres de Sa Majefté Très-Chrétienne.

Sa Majefté fera prête d'entrer en négocia-tion pour lever les prohibitions fur les ba-tiftes & linons importées de France , & de réduire les droits à environ 12 , ou 15 pour cent , ou 6 sh. pour demi pièce, à l'entrée du Royaume aux batiftes & linons de France , principalement aux plus fines, dans lefquelles les François excellent principalement. Il est néceffaire d'obferver que toutes ces concef-sions, au fujet des toiles ou tiffus de fil , ne doivent être entendues que de leur impor-tation dans la Grande-Brdtagne , car il y a en Irlande une prohibition de toute efpèce de toiles quelconques venant de l'Etranger , & il peut arriver que le Parlement d'Irlande ne foit pas difpofé de fupprimer cette prohi-

Observations.

par cette expression ; il ne peut ignorer que l'article des modes eſt un genre d'induſtrie particulier à la France , ſans concurrence d'aucune autre Nation. Il faudroit donc ſtipuler particulièrement ſur les droits. La réponſe ſur cet article n'est point claire & n'annonce pas des diſpositions favorables.

Cet article n'est pas clair , il ſembleroit que l'intention eſt de n'admettre , des toiles de batiſtes & linons , que les plus ſines qualités . ce qui en limiteroit beaucoup la quantité & feroit une ſource de tracaſſeries. Le droit offert paroît le double de ce qu'elles payoient lorſque leur entrée étoit permiſe,

L'Angleterre a fait en Ecoſſe & en Irlande les plus grands efforts pour établir des Fabriques pareilles , mais elles n'ont pu égaler celles de Saint-Quentin , parce que la qualité de leurs lins s'y refuſe , & c'eſt ce qui fait qu'ils en tirent beaucoup de France en contrebande.

Ces toiles font d'une nécessité indiſpenſables en Angleterre , & c'eſt par rapport à cela qu'elle ſe prête à en permettre l'en-

Réplique de M. Eden.

bition , ainsi que le Parlement de la Grande-Bretagne peut l'être , de réduire les droits fur les toiles de toutes fortes venant de France , au même taux que celui des Nations les plus favorifées.

Quant au quatrième , pour ce qui concerne les glaces , les Miniftres d'Angleterre penfent qu'il eft queftion tant des glaces pour les miroirs , que d'autres efpèces de verres plats ; & ils font à même de prendre des informations pour conftater s'il est possible de fixer un certain droit fur lequel cette marchandife peut être impofée dans l'un & l'autre Royaume.

M. Eden ajoutera ici que les Miniftres de Sa Majefté Très-Chrétienne fouhaitent, peut-être , que la meilleure porcelaine françoife foit admife en Angleterre , fur un droit raifonnable. Les Miniftres d'Angleterre fouhaitent aussi, qu'il foit fait quelque changement fur les droits que la fayence & la poterie devroient payer à la conclusion de ce Traité, en vertu du premier article des deux déclarations.

Fin des Répliques de M. Eden.

Obſervations.

trée ; fidelle à ſes principes de ne ſe prêter à l'admission des marchandiſes étrangères qu'autant qu'elles lui ſont néceſſaires, & qu'elle ne peut s'en paſſer.

Malgré les défenſes, il s'en introduit en contrebande pour la valeur environ de deux millions & demi de livres ; & si l'entrée en étoit permiſe, l'introduction ſeroit du double. C'eſt le réſultat des informations du Commerce de Saint - Quentin , & de Valenciennes. C'eſt ſur ce pied qu'on peut calculer cet objet.

Cet objet ne peut jamais être d'une grande importance pour ce qui regarde les glaces, attendu que les établiſſemens de France ſont bornés & ne ſont pas ſuſceptibles d'une grande augmentation , par rapport à la diſette des bois qui deviennent tous les jours plus rares. Mais il n'en ſeroit peut-être pas de même vis-à-vis de l'Angleterre , pour les criſtaux qu'elle ſeroit dans le cas de fournir à la France, vu la grande ſupériorité qu'elle a dans ce genre d'induſtrie, ce qui arrêteroit néceſ-

Suite des Obſervations.

ſairement le ſuccès des efforts qu'elle a faits pour l'établir & perfectionner chez elle.

Cette dernière insinuation de M. Eden ſur la porcelaine, ſur la fayence & poterie, donne lieu à quelques réflexions.

La porcelaine de France peut être recherchée en Angleterre. On doute cependant que cet objet d'induſtrie, qui eſt très-cher, & par conſéquent ne peut être qu'à la portée des gens très-riches, pût donner lieu à une exportation importante.

Mais la poterie & la fayence ne ſont pas pas dans ce cas là : les Anglois ont ſur ces deux objets une ſupériorité si décidée ſur les François, que feu M. Holker établit, dans ſa lettre, qu'ils ſont en état de les donner moitié au-deſſous de celles de France ; & que si on en permettoit l'entrée, cette induſtrie qui fournit les moyens de vivre, en Normandie & dans plusieurs autres Provinces, à une grande quantité de pauvres gens, y ſeroit écraſée, ce qui mérite, à tous égards, beaucoup de conſidération.

Que pour ce qui a rapport à l'admiſsion

Suite des Observations.

réciproque des quincailleries & des étoffes de coton & de laine, il y a tout à perdre pour la France, & rien à gagner, comme on l'a fait voir dans les détails préfentés.

Que l'unique objet fur lequel la France auroit pu attendre quelque compenfation, auroit été les foieries dont l'Angleterre refufe l'admiffion, par la crainte qu'elle a qu'elle ne nuife à celles de fes fabriques, & que quand même elle s'y prêteroit, on feroit bien éloigné de croire que l'avantage qui lui en réfulteroit, pût compenfer les torts de toute efpèce que lui occafionneroit l'admiffion des trois genres d'induftrie ci-deffus.

Qu'il ne lui refteroit donc de véritable compenfation que la valeur des deux millions & demi en toiles de Saint-Quentin, qui entreront de plus, au moyen de leur libre admiffion, que ce qui en entre en contrebande.

Tel eft le réfultat de ces obfervations. Au refte, s'il y a dans les différentes affertions, des objets fur lefquels il y ait des opinions différentes

Suite des Observations.

ce font des faits qu'il faut vérifier ; la matière eft trop importante pour s'en tenir à
des rapports, dont la vérité ne foit pas bien
conftante & bien avérée.

On finira par une obfervation. Il n'eft
pas queftion d'une difposition intérieure fur
laquelle l'Adminiftration foit toujours la
maîtreffe de revenir, si elle y trouvoit
quelqu'inconvénient. Il eft queftion d'un
traité qui doit être invariable pendant fa
durée. Un traité de commerce ne peut être
admiffible qu'autant qu'il affure des avantages. On ne peut donc apporter trop d'attention & trop de foin, pour vérifier com-
plètement tout ce qui y a rapport.

Fin des Obfervations.

CONCLUSION.

CONCLUSION.

ON a préfenté, fur chaque article , les principales obfervations & réflexions dont ils étoient fufceptibles, autant que la briéveté du temps, donné pour les faire, l'a permis. Si elles font aufsi fondées qu'on en eft perfuadé, elles démontrent que l'Angletterne veut abfolument fe départir de fon principe invariable, de ne rien recevoir chez elle qui puiffe porter la moindre atteinte & le moindre préjudice à fon induftrie , & qu'elle ne fe prête à recevoir que ce qui lui manque abfolument , & que ce dont elle ne peut fe paffer.

Que c'eft d'après ces principes qu'elle offre une réduction fur les droits fur les vins & autres liqueurs. Mais que la France fe tromperoit , si elle envifageoit , dans cette opération, une augmentation d'exportation

L

pour ſes vins, eaux-de-vie & vinaigres, attendu que, comme on l'a fait voir, ces réductions ſont trop foibles pour produire une ſenſation dans la conſommation.